本成果受到重庆工商大学商科学术研究国际化促进计划、重庆工商大学学术专著出版基金资助

我国风险投资网络社群形成机理研究

罗 吉 著

中国财经出版传媒集团
中国财政经济出版社

图书在版编目（CIP）数据

我国风险投资网络社群形成机理研究／罗吉著．--北京：中国财政经济出版社，2022.3

ISBN 978－7－5223－1094－7

Ⅰ.①我…　Ⅱ.①罗…　Ⅲ.①风险投资－群体－研究－中国　Ⅳ.①F832.48

中国版本图书馆CIP数据核字（2022）第018107号

责任编辑：彭　波　　　　责任印制：史大鹏

封面设计：卜建辰　　　　责任校对：胡永立

中国财政经济出版社 出版

URL：http：//www.cfeph.cn

E－mail：cfeph@cfeph.cn

社址：北京市海淀区阜成路甲28号　邮政编码：100142

营销中心电话：010－88191522

天猫网店：中国财政经济出版社旗舰店

网址：https：//zgczjjcbs.tmall.com

北京财经印刷厂印刷　　各地新华书店经销

成品尺寸：170mm×240mm　16开　11.75印张　200 000字

2022年3月第1版　2022年3月北京第1次印刷

定价：68.00元

ISBN 978－7－5223－1094－7

（图书出现印装问题，本社负责调换，电话：010－88190548）

本社质量投诉电话：010－88190744

打击盗版举报热线：010－88191661　QQ：2242791300

前　言

风险投资网络社群是风险投资网络发展的一种内在规律性的表现。它不仅是风险投资机构在网络空间中所呈现的聚集现象，而且也是一种介于整体网络与单个机构之间，建立在风险投资机构相互偏好基础之上的亚组织形态。纵观国内外风险投资发展过程，基于机构间联合投资形成的风险投资网络已成为风险投资业的主要形态，并进一步呈现出显著的网络社群现象。在这一大背景下，风险投资网络引起了学术界和实际工作者的高度关注。目前已有少量与风险投资网络社群相关的研究成果，但基本上都将网络社群作为外生变量，研究也主要集中于社群的探测、群间差异等方面，缺乏直接针对风险投资网络社群形成机理的研究成果，系统的理论研究框架还未能形成。面对风险投资实践的快速发展，相应的理论研究明显滞后，难以对风险投资网络社群这一现象的内在规律性的探索与实践应用进行充分的理论指导。本书正是基于此，从观察和描述风险投资网络社群现象入手，聚焦中观网络层面的风险投资社群，识别网络社群，研究社群特征，进而从三个层面即风险投资机构层面、二元关系层面、网络属性层面，对影响风险投资网络社群形成的因素进行探索，并在此基础上深入分析了网络社群形成的内在机理。

本书的创新成果主要体现于以下几个部分：

(1) 探测与分析我国风险投资网络社群现象，研究社群特征，进而构建社群度测度模型，基于算法探测结果识别网络社群，并进一步对典型网络社群进行类型划分并分析。针对我国网络社群现象，采用我国风险投资事件的实证数据，通过社会网络可视化图谱分析进行呈现，并采用层次聚类中的 Girvan – Newman 算法对我国风险投资网络社群进行探测；从凝聚性和稳定性两方面研究风险投资网络社群特征，以此构建风险投资网络社群度测度模型，结合非参数 Bootstrap 方法，对我国风险投资网络社群进行识别，并将识别结果基于中心度方差的差异划分为自组织型社群和领导型社群。为进一步直观理解网络社群，对典型社群进行了分析，实证研究社群内部构成，比较群与群之间的差异。

（2）结合现有研究文献，从风险投资机构、二元关系、网络关系三个层面，分析影响风险投资网络社群形成的影响因素，并选择适当指标对这些因素进行测度，进而运用因子分析法对形成影响因素指标数据进行降维精炼。现有文献主要从风险投资机构层面、二元关系层面、网络关系层面对影响网络社群形成的因素进行了相关研究，但研究显得分散，但大体上可归纳为声誉、投资经验、地理临近等多个影响因素。一般而言，对网络社群形成现象解释能力的强弱，与影响因素的多少存在密切的联系，因素越多，解释力越强，然而，随着因素数目的增多，我们会越来越难抓住问题的“要领”，而且还会存在多重共线性问题，因而运用因子分析法将因素降维精炼为代表决定风险投资网络社群形成的互补需求、连接整合、认同感知和地理邻近四个主因素。

（3）在对风险投资网络社群形成机理的理论分析的基础上构建概念模型并提出研究假设。在相关文献梳理与理论分析的基础上，提出了互补需求、连接整合、认同感知和地理邻近四因素对风险投资网络社群形成影响的假说；进一步结合社会资本理论、社会交换理论等相关的理论分析以及互惠交换方面的研究，发现认同感知在互补需求和连接整合因素驱动网络社群形成间所起到的间接作用路径，并考察地理邻近在认同感知与网络社群形成关系间所起的调节作用；基于网络社群的特点，共提出了 8 个变量间关系的研究假设，构建了风险投资网络社群形成机理的理论模型。

(4) 对风险投资网络社群形成机理的概念模型的研究，让我们从理论层面对各影响因素如何作用于网络社群的形成有了较为系统的认识，但仅仅停留在理论层面的分析还是不够的，具体的影响结果还有待实证的检验。基于CVSource数据库、私募通数据库以及Wind数据库等所获取的我国风险资本市场的数据，使用SPSS 13.0统计软件对所提出的研究假设进行实证检验。首先，检验直接效应，包括互补需求对网络社群形成、连接整合对网络社群形成、互补需求对认同感知、连接整合对认同感知和认同感知对网络社群形成的影响；其次，对中介效应的检验，包括认同感知在互补需求与网络社群形成间的影响、认同感知在连接整合与网络社群形成间的影响；再次，调节效应的检验，检验地理邻近对认同感知与网络社群形成间的调节关系；最后，对模型进行稳定性检验。

(5) 实证分析发现风险投资机构间资源的互补需求、连接整合能力与认同感知因素都直接促使了风险投资网络社群的形成，而认同感知在互补需求和连接整合因素驱动网络社群形成间还起到了部分中介的作用，因而可以发现机构间的认同感知在网络社群形成中发挥了最为核心、最为关键的作用。

本书为国家自然科学基金面上项目（71572146）的重要组成部分，同时也是重庆工商大学高层次人才科研启动项目（1955045）的一部分，并受到重庆市社会科学规划一般项目（2020YBGL100）、重庆工商大学商科国际化特色项目和重庆工商大学学术专著出版基金的资助。

目 录

第一章 绪论 …… 1

第一节 研究背景 …… 2

第二节 研究主题与方法 …… 11

第三节 核心概念界定 …… 13

第四节 研究内容与框架 …… 22

第二章 文献综述 …… 25

第一节 风险投资网络社群内涵特征与识别算法的相关研究 …… 25

第二节 风险投资网络社群形成影响因素的相关研究 …… 28

第三节 风险投资网络社群形成路径的相关研究 …… 37

第四节 文献述评 …… 41

第三章 风险投资网络社群识别 …… 44

第一节 我国风险投资网络社群的探测 …… 44

第二节 风险投资网络社群特征分析 …… 50

第三节 风险投资网络社群度测度模型 …… 55

第四节 风险投资网络社群中的领导型社群与自组织型社群 …… 59

第五节 风险投资网络典型社群分析 …… 63

第六节 小结 …… 68

第四章 风险投资网络社群形成的影响因素研究 …… 69

第一节 影响因素的归纳与测度 …… 69

第二节 风险投资网络社群形成影响因素的因子分析 …… 77

第三节　小结 …… 82

第五章　形成机理与概念模型 …… 83
第一节　相关概念的界定 …… 83
第二节　概念模型的构建与研究假设的提出 …… 88
第三节　小结 …… 109

第六章　研究设计 …… 111
第一节　数据来源 …… 111
第二节　变量选取与测度 …… 112
第三节　样本描述 …… 116
第四节　统计分析方法与模型 …… 117
第五节　小结 …… 121

第七章　实证检验与结果讨论 …… 122
第一节　直接效应检验 …… 122
第二节　认同感知的中介效应检验 …… 128
第三节　地理邻近的调节效应检验 …… 130
第四节　稳健性检验 …… 132
第五节　结果讨论 …… 140
第六节　小结 …… 146

第八章　研究结论与展望 …… 148
第一节　研究结论及意义 …… 148
第二节　研究创新点 …… 154
第三节　研究不足及展望 …… 156

参考文献 …… 158

第一章

绪　论

党的十九大报告指出“创新是引领发展的第一动力，是建设现代化经济体系的战略支撑”“激发和保护企业家精神，鼓励更多社会主体投身创新创业”。党的十九届五中全会提出要“加快构建以国内大循环为主体、国内国际双循环相互促进的新发展格局”。习总书记在2021年省部级专题研讨班的讲话中进一步指出“构建新发展格局的关键在于经济循环的畅通无阻”“必须更强调自主创新”“集合优势资源”“加强创新链和产业链对接”。构建双循环的关键在于通过市场化机制促进有效生产性投资，不断提高供给质量和水平；而要保持内外双循环的活力，主要还是要依靠创新驱动，其核心在于激发市场微观主体的创新潜能实现产业的持续创新升级。实践中，风险投资机构在包括生物科技、信息技术和能源科技在内的广泛的行业领域中，扮演着支持与促进创业创新的重要的角色（Gompers 和 Lerner，2001）[1]。它扮演了一个看门人的角色，挑选有前景的风险企业给予持续的投资和支持。它也扮演了一个中间人的角色，是连接资本提供者（大型机构诸如捐赠基金、投资基金和养老基金）与具有通过 IPO 或者被并购获得多倍收益潜力的需要资金支持的中小企业的桥梁。风险投资机构能够为这些风险企业提供重要的非金融的支持，包括战略方针的制定与引导，提供与潜在客户、供应商、联合伙伴或者收购方的关系信息（Lindsey，2008）[2]，以及在一个更大的市场环境中发送风险企业的价值信号（Lee 等，2011）[3]。从当前世界经济发展趋势来看，一个国家如果缺乏有效的风险投资系统，那么不仅科学技术发展的机遇难以把握，而且经济发展也难以步入依靠科技进步的良性发展轨道。我国风险投资业发展到今天，在支持创新、促进创新成果转化、培育新兴产业和推动经济转型升级过程中起着不可替代的作用，已成为实现经济持续稳定发展的重要驱动力量。

投资于风险企业往往具有很高的不确定性与专业性，单个风险投资机构难以完全掌握投资过程中所需的全部知识和技能，为此联合投资就成为风险投资机构广泛采用的投资战略选择。适宜的伙伴选择是联合风险投资成功的关键，因而风险投资机构高度强调对联合伙伴的选择。在对我国联合风险投资行为的观察中，我们发现风险投资机构既不是固定地与某些机构联合，也不是完全随机地寻找伙伴联合，而是有选择性地与一些机构联合，呈现明显的对部分机构的联合偏好，与部分机构形成联合的概率要远高于其他风险投资机构。这种偏好映射在风险投资网络空间上，就形成了显著的部分投资机构集聚的社群现象。社群在我国风险投资网络发展中有什么样的特征，它形成的机理又是如何，这是当前风险投资领域研究中亟待解决的理论问题。本书对该理论问题的研究不仅有利于我们深入把握风险投资网络内在的运行规律，而且对投资机构的投资绩效的改善，促进风险投资业整体的稳步协调发展都有着重要的现实意义。

第一节 研究背景

一、现实背景

首先，风险投资在支持我国战略性新兴产业发展中发挥了不可替代的作用。

战略新兴产业的发展对于我国经济的持续健康增长具有重要意义。战略性新兴产业具有创新程度高、成长迅速、高风险等特征。一般都需要巨额的研发资金的投入，传统的融资渠道难以完全满足其发展所必需的资金支持，风险投资以其独特的投资方式与运作特点弥补了传统融资渠道的不足，为技术创新提供产业化资金支持，将科技优势转化为现实的竞争实力，是战略性新兴产业发展的助推器。

1985 年 9 月国务院批准中国新技术创业投资公司成立，是我国风险投资业发轫的标志。经历 30 多年的快速发展，我国的风险投资无论从资金规模还是风投基金数量都有了长足的进步。如表 1－1 所示，截至 2015 年底，我国各类风险投资机构数达到了 1775 家，较上年增加 14.4%。其中，风险投资机构（基金）1311 家，当年新募基金 144 家，较 2014 年增幅为 12.3%；与欧美同期比较，美国基金为 2022 家，其中有 1224 家风险投资基金；在欧洲有超过 1200 家的私募股权投资机构，而风险投资机构大约占到 40%，为 500 家左右。

表 1-1 中国风险投资基金总量、增量（2006~2015 年）

年份	2006	2007	2008	2009	2010	2011	2012	2013	2014	2015
现存的 VC 机构（家）	345	383	464	576	867	1096	1183	1408	1551	1775
VC 基金	312	331	410	495	720	860	942	1095	1167	1311
VC 管理机构	33	52	54	81	147	236	241	313	384	464
VC 机构增长（%）	8.2	11	21.1	24.1	50.5	26.4	7.9	19	10.2	14.4

资料来源：中国创业风险投资报告（2016）。

2015 年我国风险投资管理资本总规模达到了 6653.3 亿元，相较于上年增幅 27.16%，占全国 GDP 的 0.96%；机构平均管理资金规模为 4.66 亿元，相较于上年略有提升；与欧美同期比较，美国风险投资总资本达到 1653 亿美元（约折合 1 万亿元人民币），大约占到美国同期 GDP 的 1%；欧洲整体上风险投资基金所管理的资本总额大约有 550 亿欧元（约折合 3900 亿元人民币）。从以上数据可以看出，我国无论是在风险投资机构数量，还是在行业规模上，都仅次于美国，跨入了风险投资大国的行列（见表 1-2）。

表 1-2 中国风险管理资本总额

年份	2006	2007	2008	2009	2010	2011	2012	2013	2014	2015
管理资本总额（亿元）	663.8	1112.9	1455.7	1605.1	2406.6	3198	3312.9	3573.9	5232.4	6653.3
较上年增长（%）	5.1	67.66	30.80	10.26	49.93	32.88	3.59	7.88	46.41	27.16
基金平均管理资本规模（亿元）	2.13	3.36	3.55	3.24	3.34	3.72	3.52	3.26	4.48	4.66
管理资本占 GDP 比重（%）	0.30	0.42	0.46	0.46	0.59	0.66	0.62	0.61	0.82	0.96

资料来源：中国创业风险投资报告（2016）。

到 2015 年 12 月，我国风险投资机构已经累计投资了 17376 个风险项目，其中有 46% 的项目是投在高新技术企业项目上，共有 8047 项；而投资的累计金额达到了 3361 亿元，其中有 44% 的资金投在高新技术企业项目，合计 1493 亿元。

以中关村科技园区、张江高科科技园、深圳高新产业园区为代表的北京、上海和深圳的高科技园区，在通过风险资本促进战略性新兴产业成长方面，更是卓有成效。根据全球著名的科技调研与数据发布公司 CB Insights 的最新一份《全球科技中心报告》（Global Tech Hubs Report）[4]的数据显示，在风险投资支持科技初创企业方面，北京和上海正在追赶美国硅谷，从 2012 年至 2018 年 5 月，美国硅谷有 1400 亿美元资金的风险投资投向了科技型初创企业，无可争议地位列全球榜首，而北京有720亿美元风险投资投向了初创企业，已经超过硅谷的一半，排名全球第二，上海也有以230亿美元，列全球第四。在这6年期间，北京在风险投资孵化培育科技创新型企业方面更是表现抢眼，扶持产生了包括小米、美团、滴滴在内的29家创办时间短，估值超过10亿美元的独角兽公司，同样位列全球第二，远超日本的东京和韩国的首尔。在风险投资孵化科技型企业方面，上海在亚洲的表现也紧随北京之后，培育出了陆金所、饿了么等创新型企业。以上的数据表明，风险投资业已成为我国科技型初创企业融资的重要渠道，已经为战略性新兴产业的发展发挥了不可替代的重要推动作用。

其次，风险投资业已经形成显著的基于联合投资的网络发展态势。

长久以来，联合风险投资已然是风险投资机构在风险投资过程中惯常选择的投资战略。据Venture Xpert数据显示，从20世纪80年代到21世纪初，美国风险投资机构采用联合投资形式投资于风险项目的比重超过60%（Deli，2010）[5]。截至2008年，美国风险投资行业，有超过三分之二的投资轮次是采用的联合投资的形式（Das，2011）[6]。联合投资也是中国风险投资机构惯常的投资战略选择，在中国风险资本市场非常普遍，如图1-1所示，2000年有高达49.55%的投资轮次是联合投资，随后的年份联合投资的比例也都基本保持在30%以上①。

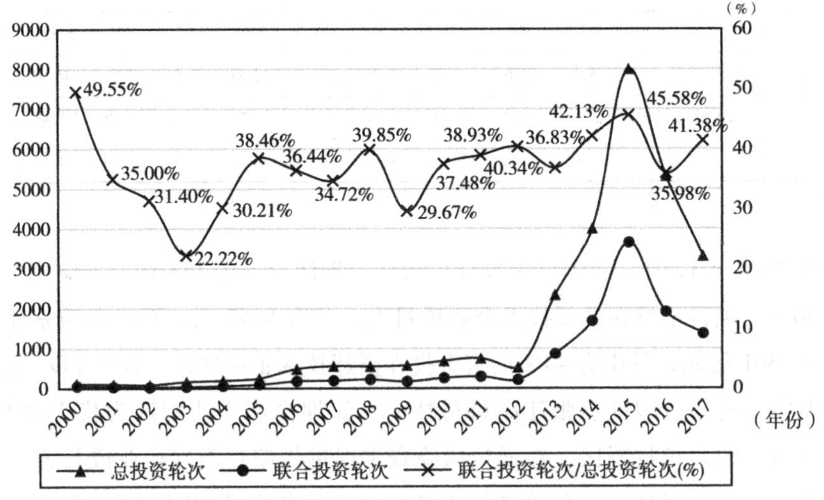

图1-1 我国风险资本市场联合投资状况（2000~2017年）

数据来源：CVSource数据库整理。

① CVSource数据库。

联合投资的广泛应用的同时，风险投资行业网络化发展也从一种趋势演变为一种态势。图 1－2 根据 2000～2013 年我国风险资本市场所发生的联合投资事件数据，以五年移动时间窗，以网络拓扑图的形式将我国风险投资网络的发展趋势进行绘制。从图上可以直观地看出，我国风险投资业在最近 10 多年获得了长足的进步，参与投资的机构数量逐年增长，机构间连接的数量也明显增长，且随着时间窗的移动，网络规模持续扩大，已经呈现出一种稳定的风险投资网络发展态势。这表明我国的风投机构越来越多地依赖风险投资网络中跨组织的网络连接来进行风险投资活动，重视投资机构间的关系带来的资源和机遇。联合风险投资网络的动态发展，为风险投资机构提供了一个融入网络、共享伙伴资源，改善投资绩效的良好机会。

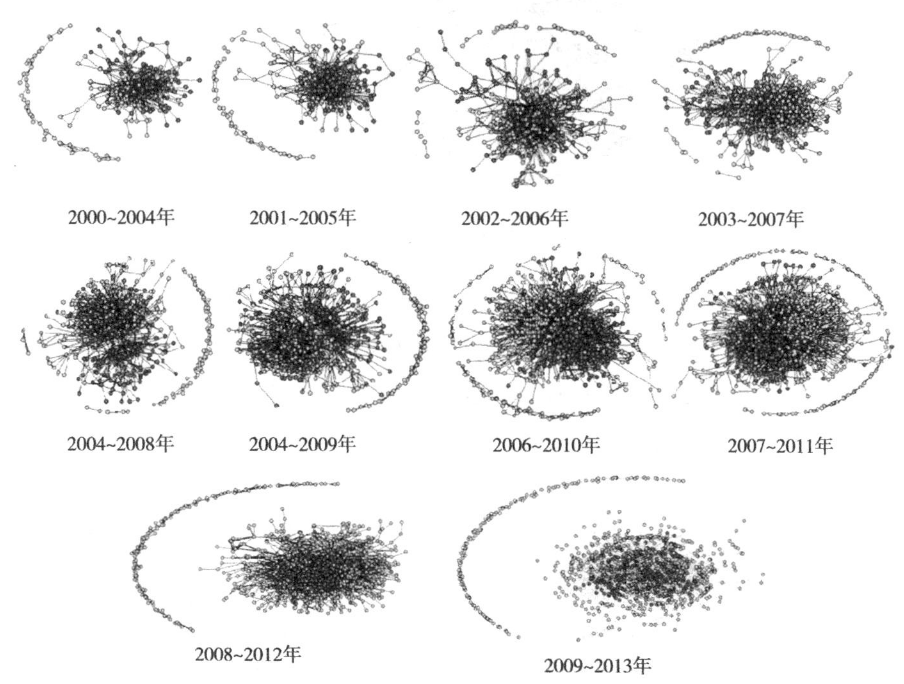

图 1－2 我国风险投资网络发展趋势图（2000～2013 年）

最后，基于伙伴选择偏好的网络社群现象在我国风险投资网络中比较突出。

近年来，风险投资机构在联合投资时偏好与某些固定的联合投资伙伴，并因此形成了长期较为稳定且亲密的合作关系，这导致了中国风险投资行业出现了明显的“圈子现象”（罗家德，2014）[7]。Jin 等（2016）[8]将我国风险投资机构之间紧密连接形成的“圈子”称为网络社群（network community）。多地区，如深圳、北京、上海等，活跃着很多各种背景的圈子，“抱团”组成投资联盟。其中最有代表性的是“股权众筹平台”上的一些天使投资人相互组成小圈子，资源共享，相互推荐项目并且采用联合投资的方式进行投资，如图 1－3 所示。

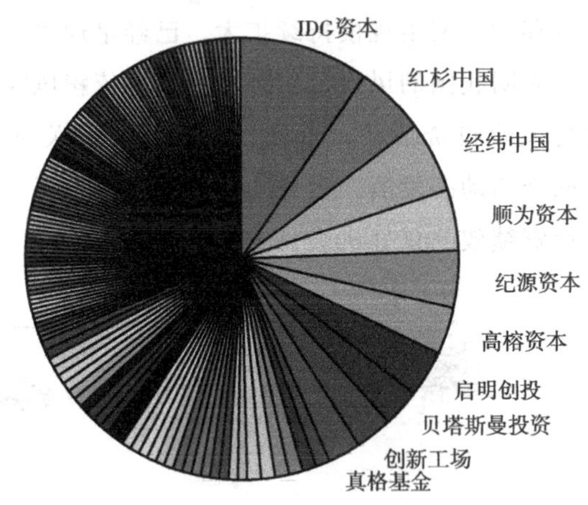

图 1－3　晨兴资本联合伙伴分布

以晨兴资本的投资事件为例，晨兴资本是我国最早参与风险投资的机构之一，据 CVsource 数据库统计显示，截至 2016 年 8 月 31 日，总共产生了 268 轮次投资事件，和 152 家投资机构有过联合投资关系（见图 1－3），图中显示联合频率前十位的联合伙伴的投资事件几乎占到了所有投资事件的一半，表现出强烈的联合伙伴选择偏好。

再比如，据 CVSource 数据库统计，2000～2013 年，深创投有 288 轮次的投资属于联合投资，联合伙伴有 141 个不同的机构。图 1－4 展示了深创投的联合伙伴的分布情况，从图中可以明显看出在这 288 轮次的联合中，在联合频率方面，机构间的差异是异常显著的，少数几家机构诸如天堂硅谷、松禾资本、中以基金以及达晨创投等是主要的联合伙伴，这凸显出深创投在选择联合伙伴时的偏好。除此以外，诸如 IDG 资本、英特尔投资、红杉中国、君联资本等在国内具有较大影响力的风投机构，与深创投一样显露出明显的伙伴选择偏好，见图 1－5。我国风险投资机构间投资的“抱团”行为就是这种偏好的最直接的表现，映射在网络空间上则呈现为风险投资网络的社群现象。

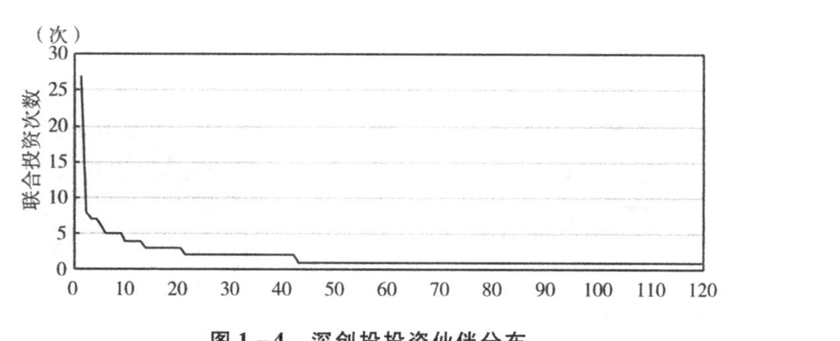

图1-4 深创投投资伙伴分布

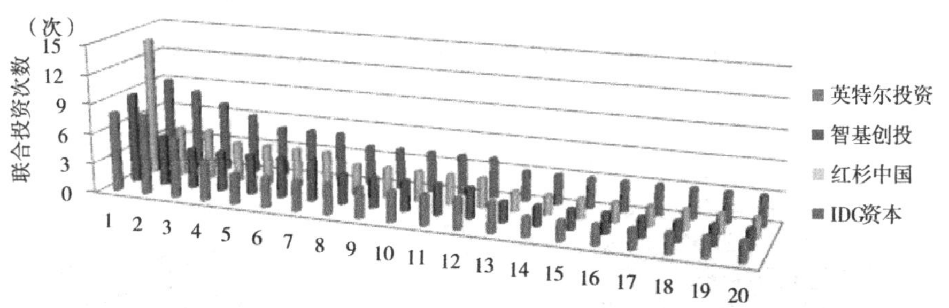

图1-5 英特尔投资、智基创投、红杉中国、IDG资本投资伙伴分布

风险投资机构偏好与某些特定的固定伙伴进行联合投资导致了风险投资网络出现明显的“圈子现象”或“网络社群”。结合中国资本市场风险投资网络及网络社群数据，本书尝试使用拓扑图对其关系进行直观性地展示说明，社群探测模块选用凝聚算法，选用五年时间窗，构建出我国风险投资网络，并在此基础上对网络社群进行了探测，结果如图1-6所示，图中分别标示出了每个时间窗中三个最大的网络社群。

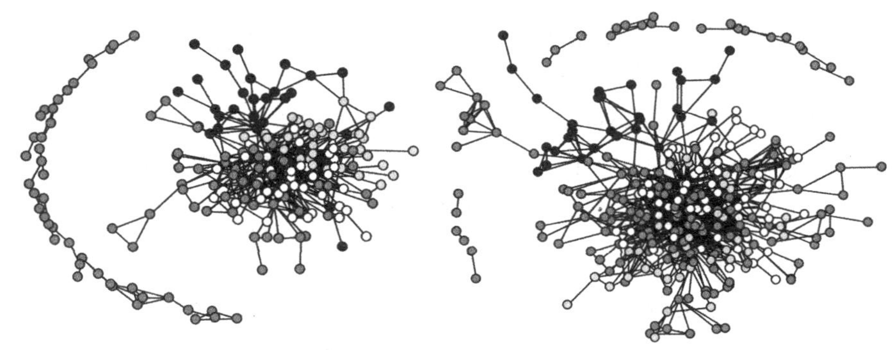

图1-6(a) 2000~2004年、2002~2006风险投资网络社群

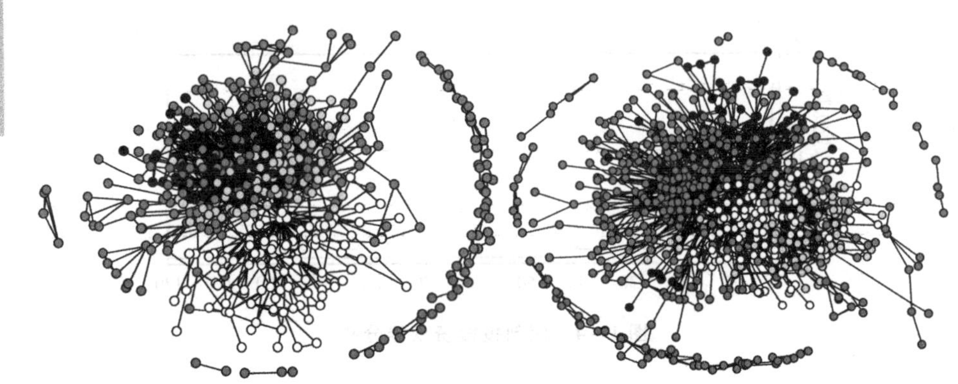

图 1-6（b） 2004~2008 年、2006~2010 年风险投资网络社群

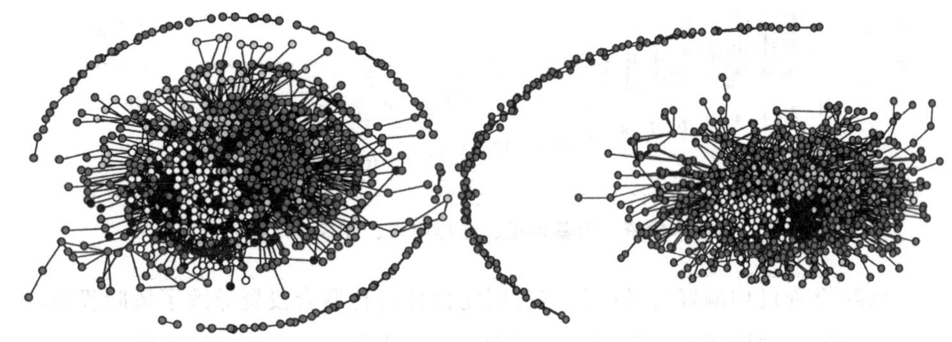

图 1-6（c） 2008~2012 年、2010~2014 年风险投资网络社群

二、理论背景

风险投资网络研究一直是学术界关注的热点，引发了众多理论研究者和实务从业者的广泛兴趣。早在 20 世纪 80 年代开始，风险投资网络便成为国内外学术研究关注的重点（Bygrave，1987；Bygrave，1988）[9,10]。经过 30 多年的发展，有关风险投资网络的相关研究方兴未艾。本书使用 Google 学术、中国知网等对"Venture Capital Network""风险投资网络""创业投资网络"进行标题、摘要、关键字等的搜索，并将相关文献进行归类整理与统计，发现现有针对风险投资网络的研究文献，主要从微观到宏观两个视角展开。一是自中心网络视角（Ego Network）。该视角主要研究居于微观层面的风险投资机构与其联合伙伴的连接以及其伙伴之间的连接关系，并强调诸如网络位置、网络资源

等机构的网络属性特征直接关系到投资绩效的高低。二是整体网络视角(Global Network)。这个视角的研究则聚焦在诸如网络密度、网络规模等整体网络特征上，并同样认为整体网络的特征也与机构的投资绩效密切相关。虽然以上两视角已经能够较为全面地对风险投资网络进行研究，但还是存在欠缺，因为它们都忽视了中观层面的网络社群在风险投资投资过程中的作用以及对机构投资绩效的重要影响。网络社群是整体网络中非重叠而关系紧密节点空间聚集而形成的子群。在社群中，社群内部成员相互连接，较社群之间成员间的连接更为稠密。图1-7说明了网络社群、自中心网络和整体网络的关系。网络社群广泛存在于各类组织网络系统中，相关学科对网络社群的关注主要集中在网络社群边界的划分、社群的凝聚性、社群成员间认知距离、信息与资源在群内与群间传播以及行为结果等方面。而在风险投资研究领域，网络社群这一视角，则很少受到学者们的关注。

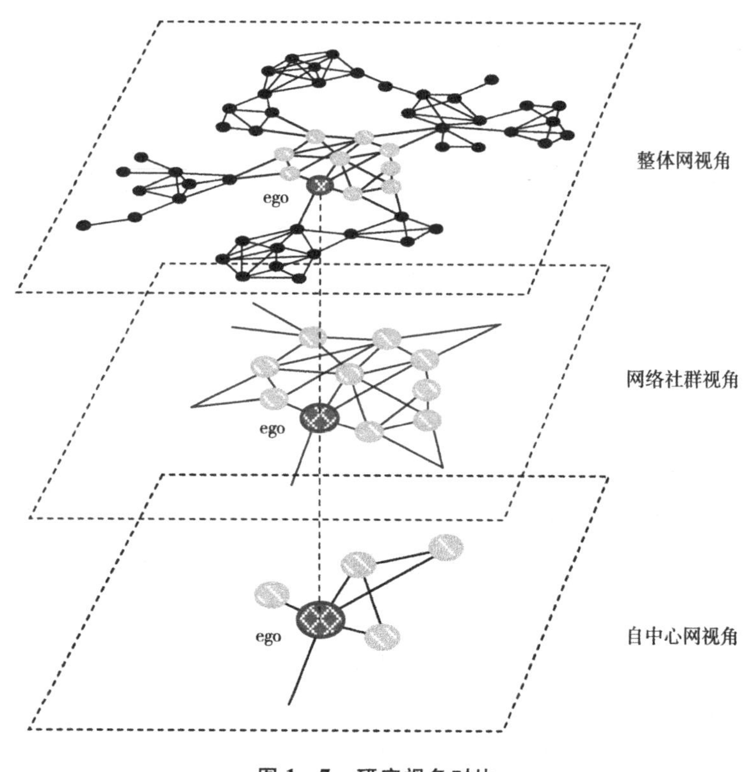

图1-7　研究视角对比

20世纪60年代以来，在社会学、经济学、管理学等领域，基于社会网络理论的相关研究已经取得了长足发展，并形成了一些重要理论，如社会交换理论（Blau，1964）[4]、强联结优势理论（Granovetter，1973）[5]、嵌入性理论（Granovetter，1985）[6]、社会资本理论（Coleman，1988）[7]、弱联结优势理论（Krackhardt，1992）[8]、结构洞理论（Burt，2009）[9]等。这些理论的发展以及在诸多领域内的应用，为风险投资网络社群的研究提供了有力支撑。

近年来，随着各个国家风险资本市场的迅速发展以及制度环境规范化约束的逐步加强，研究者与实际管理工作者越来越关注到网络社群在风险投资过程中的作用，逐渐认识到无论是在投资前对风险项目的筛选、还是在投资后对风险项目的监督以及为其提供必要的增值服务的任意一个环节，网络社群形态都能够发挥有利的作用，它既能够促进群内伙伴间信息与资源的共享，又能够推动机构间互惠行为与合作的顺利进行，此外还并不排斥对群外新信息与资源的适度地获取。

风险投资网络社群可以被认为是随着联合风险投资网络的形成而形成的，可以看成是基于熟悉伙伴间联合偏好而形成的相对独立的亚组织形态。目前，已有少量与风险投资网络社群相关的研究成果，但基本上都将网络社群作为外生变量，研究也主要集中于社群的识别以及社群成员身份对投资绩效的影响方面，缺乏直接针对网络社群形成机理的研究成果，因而没有形成系统的理论研究框架。理论研究明显滞后于风险投资行业现实发展的要求，难以提供充分的理论指导来深入揭示与把握风险投资网络社群现象内在的规律性。特别是在当前我国经济社会正处在转变发展方式、优化经济结构、转换增长动力的关键时期，孵化和培育面向未来的战略性新兴产业，推动经济迈向中高端水平，亟须结合网络社群特征，针对风险投资网络社群的形成机理展开深入的理论研究。

理论研究与实践经验都表明，风险投资网络社群有助于提升风险投资联合伙伴间资源利用的深度与广度，促进互惠合作，降低信息不对称，避免机构间冲突，弥补正式制度的缺失与不完善，从而更好地对风险项目进行筛选、培育，提高项目的成功率，最终获得理想的投资绩效。因此，从网络中观层面对风险投资进行分析，研究风险投资网络社群的形成机理，这对于中国经济社会发展转型大背景下，我国风险投资行业的整体发展以及风险资本对创业创新和产业升级的促进，特别是从风险投资机构自身发展的角度对投资机会的把握、投资效率的提升，都具有重要的理论意义与现实的指导意义。

第二节

研究主题与方法

一、研究主题

结合实践发展与理论研究的现实需要，本书以中国风险资本市场为蓝本，将我们对风险投资的研究从微观机构与宏观网络层面扩展至中观社群层面，基于中国风险资本市场的特点，从网络社群在中国风险投资网络中的表现形式入手，研究风险投资网络社群形成的影响因素与形成机理，为风险投资以及风险投资网络的理论研究开拓新视角。具体而言，本书的研究主题可概括为三个问题：第一，我国风险投资网络中网络社群有何种具体表现？第二，何种因素决定并影响了网络社群的形成？第三，各种因素影响风险投资网络社群形成的内在机理如何？为回答这三个问题，本书将从以下五个方面展开研究：

第一，通过对我国联合风险投资“抱团”现象的考察，并结合网络社群相关研究文献梳理的基础上，将风险投资的研究扩展至中观社群层面，对我国风险投资机构网络社群进行动态识别，进而利用拓扑的思想和方法，绘制不同时间窗风险投资网络社群拓扑结构图并分析。

第二，基于上述对风险投资网络社群现象的考察，结合社群成员流动性、互动关系、资源与能力的异质性及空间分布状况，并在对风险投资社群凝聚性、稳定性特征分析的基础上构建测度模型，以此来测度社群的社群度。从网络的拓扑结构方面，以不同社群其节点度方差比的差异为标准，将风险投资网络社群划分为领导者型社群与自组织型社群，进而分析我国风险投资网络典型社群。

第三，基于文献的归纳与理论分析，从风险投资机构、二元关系、网络属性等三层面对影响网络社群形成并反映我国风险投资网络发展实际的关键因素进行分析，归纳出声誉、投资经验、地理邻近等十个影响因素，进而针对这些因素选取 16 个影响因素测度指标，运用因子分析法将其降维精炼为四个代表并决定风险投资网络社群形成的主因素：互补需求、连接整合、认同感知和地理邻近，为网络社群形成机理的剖析做好理论的前期铺垫。

第四，在对影响风险投资网络社群形成因素探索的基础上，首先，通过对资源依赖理论、交易成本理论、社会资本理论和社会交换理论等相关理论的回顾与推演，构建风险投资网络社群形成的概念模型；其次，揭示互补需求、连接整合、认同感知因素对网络社群形成的直接影响作用，并比较其差异；再次，结合社会资本理论、社会交换理论等相关的理论分析以及互惠交换方面的相关研究，研究认同感知在互补需求和连接整合因素驱动网络社群形成间所起到的间接作用路径；最后，探析地理邻近因素的调节作用，揭示地理区位因素对网络社群形成的作用。

第五，使用收集自中国风险资本市场的相关经验数据进行统计分析，运用多元回归方法验证风险投资网络社群结构形成理论模型，对风险投资网络社群形成的内在机理进行揭示。

二、研究方法

(1) 文献研究法。本书通过文献研究法梳理与风险投资网络社群相关的内涵与特征、形成的影响因素、形成的路径等方面的研究成果，对现有研究存在的问题与不足加以评析，在广泛借鉴和参考现有相关研究文献成果以及实证检验方法的基础上提出研究假设、设计研究方案。

(2) 社会网络分析法。社会网络分析法（SNA）是在社会学、心理学、数学以及统计学等领域中发展起来的，建立在对矩阵、拓扑学、图论等数学工具使用的基础上，具有直观、可量化与精确的方法特征。本书通过社会网络分析法构建关系矩阵，并在此基础上识别网络社群，并采用社会网络可视化图谱分析，绘制我国风险投资网络社群演变图谱。根据研究各部分的需要，采用整体网络分析与自中心网络分析，测度网络密度、连接强度、网络中心度等指标，分析网络社群特征及形成影响因素。

(3) 网络社群识别算法。本书针对风险投资网络的探测，采用的是层次聚类中的 Girvan – Newman 社群发现算法。该算法最大的特点也是优点就是能够在探测社群过程中，给出每一种探测结果的模块性指标 Q 值，Q 值越大，社群划分质量越高，因而可以选用最大 Q 值所对应的探测结果作为最终社群划分。该算法是并不固定社群数量与社群规模的良好的社群发现方法，在实践运用中，又存在两个具体的探测方法：分裂探测算法和凝聚探测算法。分裂探测算法是将整体网络先作为一个社群，然后持续不断地分裂为更小的社群，当分裂到一定程度后，就得到了社群的最终划分。这种探测在社群结构不十分显著的情况下，往往划分出规模巨大的社群。而凝聚探测算法，则与分裂探测算法相反，它是将网络中的每一个节点都视为一个社群，然后经历持续不断地反复合并过程，节点社群间相互融合变动到一定程度后，得到社群最终的探测结果。本书采用 Girvan 和 Newman（2004）[11] 提出的最优模块性指标为基础的社群凝聚探测算法，主要原因在于传统的社群发现算法很多情况下会对社群的数量或规模进行固定，这不符合风险投资网络社群的特点；另外，相较于 G－N 算法存在一个模块性指标可以作为判断社群探测优劣的评价依据，传统算法缺乏评判的依据，因而所探测出的社群结构也很难判断划分的优劣。数学上，最优的社群划分就是要使得划分后的网络社群内部节点的连接的比例减去在相同社群划分下任意节点的连接比例的期望值最大。

（4）统计分析法。统计分析方法是本书采用的主要实证研究方法，其目的是完成样本数据的信息补充、关键变量的数据提取，建立数学模型所需的数据准备与分析等工作。本课题统计数据来源主要包括：CVSource 数据库、私募通数据库、Wind 数据库和我国相关统计部门所发布的统计数据。本书将使用 SPSS 和 UCINET 等软件统计分析定量数据，对实际的社群结构采用非参数 Bootstrap 法模拟，从而得到各属性特征在模拟社群中的经验分布，为实际识别的社群的各项属性特征提供检验基准；运用多元回归方法等处理与分析数据，来实证检验网络社群形成理论模型。

第三节 核心概念界定

一、风险投资

风险投资（Venture Capital）又称为创业投资、创业风险投资。就世界范围来看，风险投资自产生以来的实践与发展已有很长的历史，但直到今天国内外对风险投资的定义也未能形成一致的看法。据资料显示，国内外现有对风险投资的定义有百种以上，因此将较有代表性的观点摘录如下：

根据维基百科上的解释，风险投资是私募股权投资的一种，通常由投资机构或基金投资于被认为具有很高的增长潜力，或表现出高增长（在雇员人数、年收入或两者兼而有之）的新创企业的一种投资形式。

美国风险投资协会（NVCA）将风险投资定义为：由专业的投资家或专门投资机构将资本结合管理经验投入到新兴的、发展迅速的、高成长潜力的中小企业的一种最终期望获得高投资回报的权益资本。

欧洲风险投资协会（EVCA）认为风险投资就是专门的投资机构提供资本于那些未上市却拥有明显增长潜力的企业（成长型、扩张型或重组型）并参与企业管理的投资行为。

经合组织（OECD）给风险投资的定义为风险投资是一种向极具发展潜力的新创企业或中小企业提供股权资本的投资行为。

1999 年科技部、计委等七部委联合制定的《关于建立风险投资机制的若干意见》里界定风险投资为“向主要属于科技型的高成长性创业企业提供股权资本，并为其提供经营管理和咨询服务，以期在被投资企业发展成熟后，通过股权转让获取中长期资本增值收益的投资行为。”

二、联合风险投资

联合风险投资又称为风险投资辛迪加（Syndicated Venture Capital Investments），是风险投资惯常选择的一种投资策略。国内外学者对联合风险投资定义具有基本一致的看法，都认为是两个或两个以上风险投资机构联合起来，对某一风险项目的投资行为。Lerner（1994）[12]认为联合风险投资是两个或两个以上的风险投资公司共同对同一风险企业进行的投资。Jo（2000）[13]将联合风险投资定义为在风险投资家们联合运作之下，投资于具有良好发展潜力的新创企业的行为。实际上，若以联合投资机构投资的时点上的差异为标准，在现有研究中也存在联合风险投资的狭义与广义之分。Lockett 和 Wright（1999）[14]给出了联合风险投资的狭义的定义认为是两个或两个以上风险投资家在同一轮次同时投资于某一风险企业。Brander 和 Amit 等（2002）[15]进一步给出了广义的定义界定联合风险投资为两个或两个以上的风险投资企业在同一轮次投资或在不同的轮次先后以提供股权的形式投资于既定的风险项目。国内学者曾蔚(2008)[16]将联合风险投资定义为“由两个或多个风险投资家在同时或先后为同一个高成长性创业企业提供股权资本，并为其提供经营管理和咨询服务，以期在被投资企业发展成熟后，通过股权转让获取中长期资本增值收益的投资行为。”

单纯从风险项目获取资金的角度考虑，联合风险投资类似于银团贷款，都是由多个机构向风险项目提供资金支持，并也存在机构间在投资上的主次差别，例如联合风险投资存在领投机构、主投机构与跟投机构，银团贷款存在牵头银行与非牵头机构。但联合风险投资与银团贷款还是存在本质区别。首先，联合风险投资是一种权益性投资，银团贷款本质上是一种债权性投资。联合风险投资是两个或两个以上的风险投资机以提供股权的形式投资于既定的风险项目，并为所投项目提供商业模式、市场开发、公司治理等增值服务；而银团贷款则主要是指基于相同合同与利率，两家或两家以上的商业银行或金融机构为借款方提供额度不同的信贷行为，一般情况下，不参与借款人的生产经营管理活动。其次，在联合风险投资中领投机构主要是指最早的投资参与机构，而常常并非主投机构，但银团贷款中，牵头银行是贷款的发起机构，且往往就是主贷机构。在贷款合同签订时，银团贷款的额度、利率等最基础的信息，由牵头银行和借款方商议决定。最后，牵头银行依据借款方的信贷额度与相应的信贷信息选择性地邀请其他商业银行或金融机构为借款方提供基于基础合同的部分信贷额度，以此来使其参与已经存在的银团贷款中。一般情况下，银团贷款中的大部分额度是由牵头银行所保留（Chaudhry 和 Kleimeier, 2015）[17]。

三、风险投资自中心网络、风险投资整体网络与风险投资网络社群

当前针对复杂网络的研究已是社会科学学术界研究的热点领域，研究涉及社会学、政治学、管理学等多个学科，每一学科基于自身的研究领域的差异，对网络的内涵有着不同的认识，但几乎所有的研究都对网络的构成要素进行了重点关注，大多认为网络元素应该包括彼此依存三个要素，即是行动者、资源和连接关系（Hakansson, 1987）[18]。Granovetter（1985）[19]的研究认为网络就

是由某种形式的纽带连接起来的节点间关系的总和。节点就是行为者或者事件，纽带就是通过信息、资金、人员或其他资源的流动形成的连接关系。网络结构是不断变化着的，这个变化是由行为者本身和他们之间各种各样的连接关系的转化所引发。由此，网络可界定为行为者之间基于各类资源的交换活动而产生的纽带关系所构成的各种关系的总和。

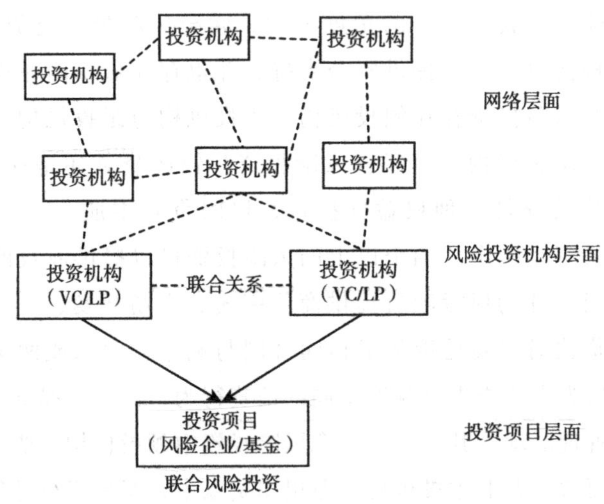

图 1-8　联合风险投资与风险投资网络

当纽带连接的是由两种不同类型的行为者或事件，那么连接数据就构成了 2-模网络（2-mode network），见图 1-8。服务于不同的研究的需要，一个 2-模网络能够分解为两个 1-模网络。例如Ⅰ类 1-模网络就是基于风险投资机构相互通过共同投资于某风险企业（联合风险投资）而形成连接纽带，以此来构成的网络。风险企业通过它们共同的投资者而形成的相互连接关系构成了Ⅱ类 1-模网络。

为了更为直观，本书以我国风险资本市场 2000～2004 年五年时间窗的风险投资机构联合投资事件数据为例，数据来源于 CVsource 数据库，涉及参与风险投资的机构 191 家与被投风险企业 173 家，使用 Ucinet 软件绘制了风险投资机构与所投风险企业的 2-模网络结构图，见图 1-9，其中圆点表示风险企业，方形表示风险投资机构。

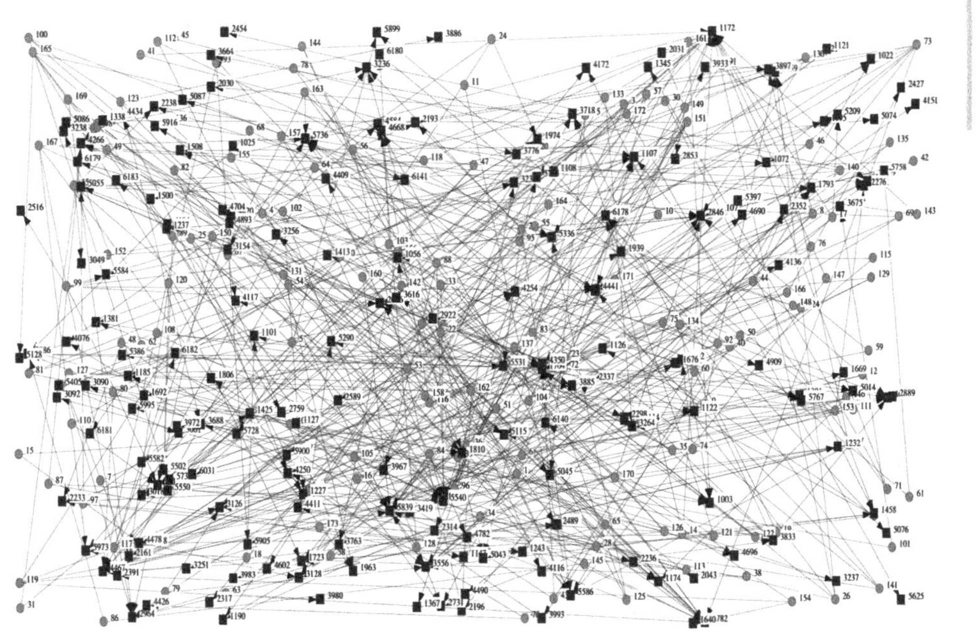

图 1-9　风险投资机构与风险项目的 2-模网络

从图 1-9 中，我们能够明显地直观感受到基于对同一风险项目的联合投资关系而形成的风险投资网络关系，其中存在节点机构、节点机构间连接关系以及目标项目共同构成了风险投资 2-模网络。

然后，再将 2-模网分解为两个 1-模网络：Ⅰ类 1-模网络就是基于风险投资机构间联合投资而形成连接关系，以此来构成的网络，见图 1-10，表现的是投资机构由于投资共同的风险企业而形成的关系网；Ⅱ类 1-模网络就是被投风险企业基于共同的投资者而构成的网络，见图 1-11，呈现的是风险企业间由于相同投资者而存在的关系网。本书的研究就是详细探讨基于图 1-10 所示Ⅰ类 1-模网络即是风险投资机构间联合投资网络下的社群形成机理。

如果以风险投资投资机构的个体视角来界定社会网络，那么以研究对象机构为中心形成的联合投资网络，就是自中心网络（Ego-network）又称为自我中心网络，见图 1-12，图中就是以黑色节点机构为中心与灰色节点伙伴机构构成的自中心网络。自中心网络考察风险投资机构个体行为如何受其所直接联系的网络成员的影响，以及单个机构如何通过联合关系结合为社会网络。自中

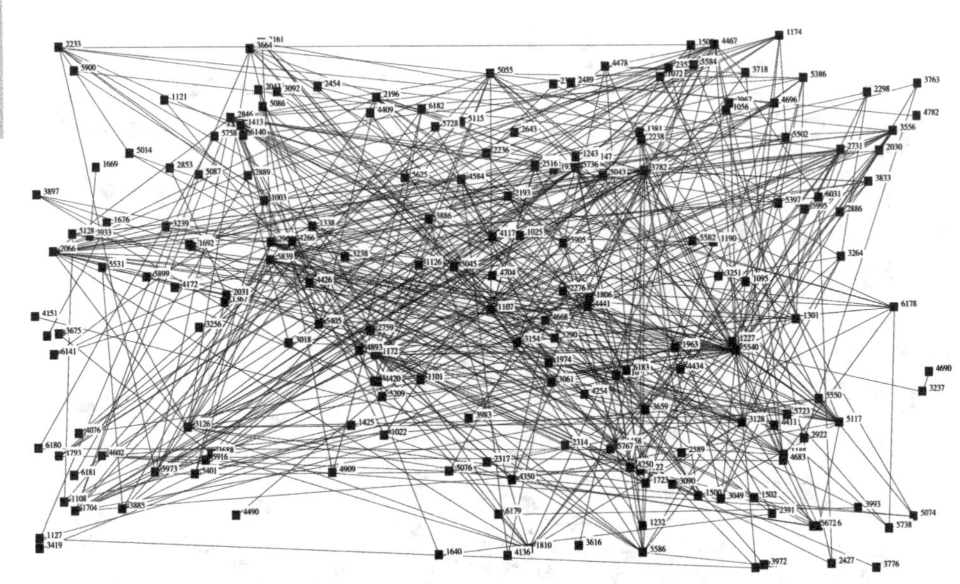

图 1－10　风险投资机构的 1－模网络

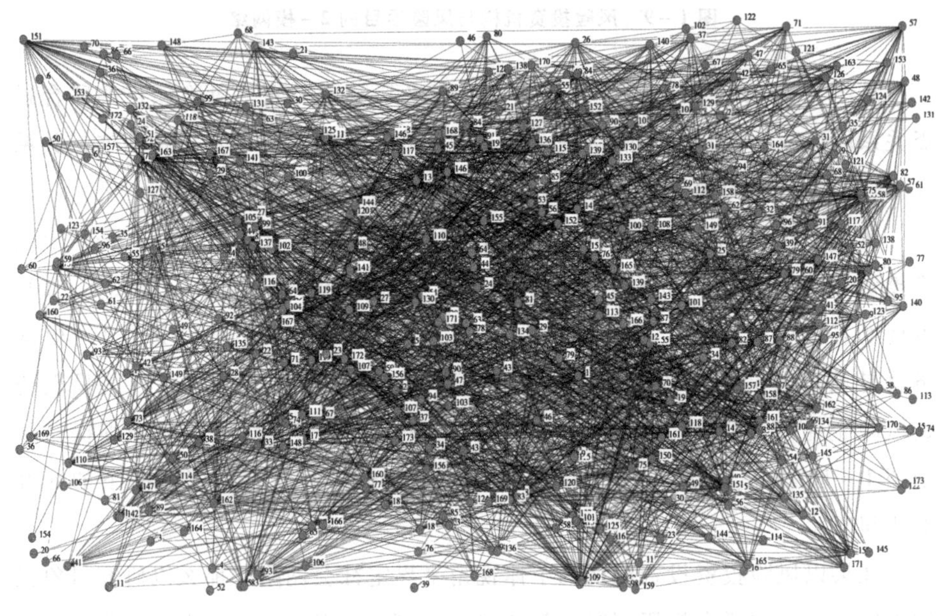

图 1－11　风险企业的 1－模网络

心网络侧重在对单一风险投资机构自身的网络特征的关注，以及网络对投资机构行为影响的解释，在理论上将单个投资机构看成是风险投资网络结构中嵌入的一部分。现有的自中心网络视角的研究文献已经从风险投资机构声誉（Gu和Lu，2004；罗吉等，2014）[20,21]、网络位置（董建卫等，2012）[22]和网络能力（罗吉等，2016）[23]的变化以及如何影响机构投资绩效（罗吉等，2016）[23]等方面开展了研究。

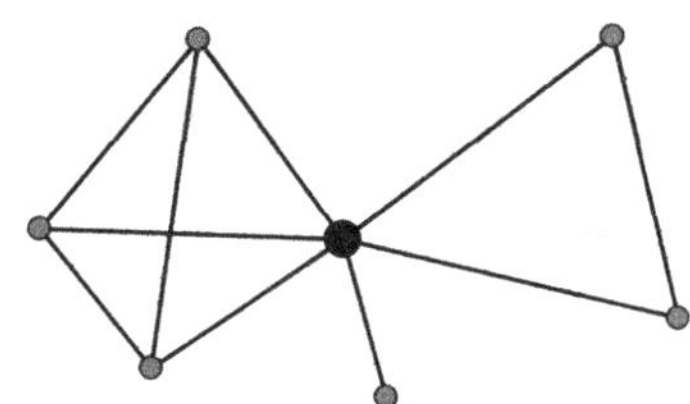

图1-12 风险投资自中心网络

如果从更为宏观的整体视角来观察，投资机构间的联合投资关系已经不仅仅是一种分散风险、信息和资源共享的投资策略，更为重要的是形成了一个囊括众多风投机构的关系网络，基于关系网络促进了风投机构间联合投资行为的形成，反过来联合投资行为本身也强化与扩展了网络的规模。

从对项目提供资金支持的角度，风险投资网络一定程度上可被视为作为信贷市场中介机构银行的替代物。网络可以在要素和产品市场上协调配置分散的资源，网络这种稀缺资源配置作用无论是在过去还是在现在都得到了承认（Cornelli和Goldreich，2001；Ljungqvist等，2005）[24,25]。网络作为一种组织形式，不同于单个组织和市场，因为它既不受最终产权所有者的具体合同的限制，也不参与竞标资源的讨价还价的过程。网络是一种合作机制，通过协商一致并通过相关信息的汇集来实现配置决策（Abell等，2007）[26]。

在风险资本市场，网络无处不在。风险投资的一个核心特征是它允许投资机构进行联合投资，两个或两个以上投资机构共同支持一个新的风险项目（Lerner，1994）[12]。联合投资不可避免地产生了一种跨越联合机构成员与各种相关服务提供者的多重关系，包括研发组织、专利律师、猎头机构、投资银行等（Gorman和Sahlman，1989；Sahlman，1990）[27,28]。因此，在现有的风险投资网络研究文献中，主要存在两种对风险投资网络的认识：一种认识认为风险投资网络就是机构对风险项目联合投资而形成的关系网络；第二种认识认为风险投资网络既包括投资机构间的联合关系，也包括与其他利益相关方形成的合作关系。而本书则聚焦于第一种认识，也就是一般所谓的狭义风险投资网络，即是联合风险投资网络，行为者是风险投资机构，利用机构间联合投资行为形成投资机构间的纽带关系。

Hochberg 等（2007）[29]认为，伴随着越来越多的风险投资机构之间形成的联合投资关系，风险投资领域形成了巨大的联合投资网络，可称其为联合风险投资网络。进一步 Hochberg 等（2010）[30]用市场范围标准将风险投资网络界定为本地网络和外地网络，并以地理范围标准刻画了美国各地的风险投资网络。Guler 等（2010）[31]和 Batjargal 等（2007）[32]也都以国家范围来界定联合风险投资网络。

整体网络（Global - network）是由一个或多个社群（Community）所构成，见图 1 - 13。社群，用网络层面的语言讲就是“相对于网络中的其他个体更为紧密地连接在一起的一组个体”（Seidman，1983）[33]。网络研究者为了不同的研究目的将网络社群划分了各式各样的类型，比如凝聚子群（Cohesive Subgroups）、派系（Clique）、宗派（Clan）、簇（Cluster）等。

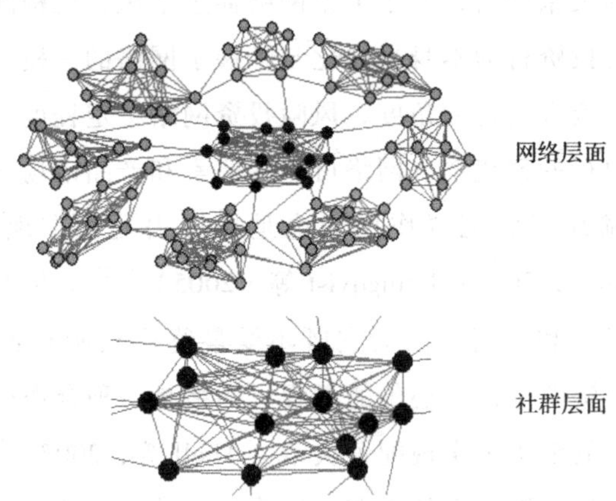

图 1 - 13　风险投资整体网络与风险投资网络社群

Bubna 等（2016）[34]是较早针对风险投资网络进行网络社群分析的研究者，他们认为风险投资网络中的社群就是联合投资行为过程中风险投资机构在选择投资伙伴时偏好相对熟悉的伙伴，导致部分机构联系相对紧密，而形成的聚集团体。Bubna 等（2013）[35]定义风险投资社群为风险投资家与其熟悉的部分联合伙伴高频率的联合关系所呈现出的显著的投资“抱团”现象。Granovetter（1985）[19]认为，信任是镶嵌于社会关系的特质，社会网络关系的本质在于伙伴间的信任与协作。周冬梅等（2000）[36]在研究风险投资网络时，发现风险投资牢固稳定的联合关系是建立在相互信任的基础之上，这种超越利益的信任关系，保证了联合关系的稳定发展。Molm（2010）[37]认为，直接或间接的互惠关系是网络形成的必然要素，理由是互惠的交换使得行为者能够发展出相互信任以及情感纽带从而提升交换关系的效率，从而以一种集体主义的方式行为。

基于现有研究文献与本部分的论述，本书认为风险投资网络社群是风险投资整体网络中的子网络，具有风险投资网络的共性特征，但“相对于网络中的其他个体更为紧密地连接在一起的一组个体”，又具有自身诸如凝聚性、稳定性等个性特征。凝聚性是指社群内节点间的联系更加紧密，即彼此熟悉或存在一定关联关系的风险投资机构所构成的社群，成员间的往来更加的频繁。网络社群内成员机构间相互更为熟悉与了解，因而彼此间更有认同与信任，引发相应更高频率的互惠交换。稳定性是指网络社群随着时间的推移在动态演化过程中，其规模和数量都会持续地相应调整，但在一定的时间范围内社群成员间保持相对稳定的合作状态。风险投资网络社群内成员间相互认同与信任，存在偏好和情感依附的倾向，因而社群内成员间合作总体上呈现一定程度的稳定性特征。

风险投资社群内成员间的交换逻辑与一般联合投资的交换逻辑不同，网络社群内机构间更为关注交易双方长期的信任、互惠和更进一步的情感依附，而不单纯是立见成效的经济利益（Powell，1990）[38]。机构更愿意选择与自己熟悉的或有关联关系的机构进行联合，并有意将其作为长期的伙伴关系或合作方加以维持，而非如同在完全竞争市场随机地寻找联合伙伴（Uzzi，1997）[39]。以一定的区域或市场范围为边界的风险投资整体网络为其内在节点机构之间的联合关系的形成提供了一个开放式的平台，而在此平台上部分机构由于更加注重长期收益，倾向于维持长期的伙伴关系，而形成了以信任、认同与互惠、情感依附基础上的伙伴间高概率的联合关系，在网络空间上就呈现为部分机构的聚集状态，即是网络社群。

结合研究的需要，本书将风险投资网络社群定义为建立在投资机构间信任、认同与互惠、情感依附基础上的联合投资伙伴选择偏好所形成的部分投资机构间高概率的稳定联合投资关系的网络空间群集。为更清楚地把握概念之间的区别与联系，本书将联合风险投资、风险投资自中心网络、风险投资整体网络和风险投资网络社群的概念以表格的形式加以呈现，以示区分，详见表1-3。

表 1－3　　概念比较

	层次	参与机构	关键动因	划分标准	定义
联合风险投资	微观二元或多元关系层次。	两个或两个以上投资机构。	多元化投资组合的需要、获得更好的项目筛选的需要、风险项目价值增值的需要等。	两个以上投资机构投资某风险项目的某一轮次或多个轮次。	两个或两个以上投资者共同投资于某风险项目的投资过程。
风险投资自中心网络	微观自中心网络视角。	三个以上投资机构。	获取更优越的网络位置的需要、拥有更多的网络资源与社会资本的需要等。	三个以上与研究对象风险投资机构存在直接的联合投资关系的联合伙伴。	在风险投资机构个体视角下以单个风险投资机构为中心与和其存在直接联合关系的三个以上节点机构所构成的社会网络。
风险投资整体网络	宏观整体网络层次。	一定的区域范围内全部参与联合风险投资的机构集合。	社会网络视角下日益经常化与普遍化且规模不断扩大的联合风险投资行为。	以一定的边界（区域或市场范围）为标准，比如国内网络或国际网络，本地网络和外地网络。	社会网络视角下一定区域或市场范围内基于联合投资战略纽带连接起来的风险投资机构间关系的总和。
风险投资网络社群	中观子网络层次。	风险投资网络中部分关系密切的投资机构。	信任、认同与互惠、情感依附基础上的联合投资伙伴选择偏好。	风险投资网络中多机构间高概率、高频率联合投资关系。	建立在投资机构间信任、认同与互惠、情感依附基础上的联合投资伙伴选择偏好所形成的部分投资机构间高概率的稳定联合投资关系的网络空间群集。

第四节

研究内容与框架

针对研究主题的需要，本书共分 8 章，具体有如下安排：

第一章绪论，是本书概述性章节，对本书选题的现实背景和理论背景做了阐释，从对现有研究的欠缺与不足的分析基础上给出本书的研究主题，并区分界定本书所涉及的核心概念，进而介绍本书各部分研究的主要内容以及所采用的主要方法。

第二章文献综述，结合所研究的主题与内容，整理国内外文献资料，对相关理论进行综述性分析。

第三章风险投资网络社群识别，是本书的基础性章节，对我国风险投资网络社群现象进行分析与探测，在社群特征研究的基础上构建网路社群度测度模型，对网络社群进行识别与分类，并进一步对典型网络社群进行分析与说明，为后文的网络社群形成的理论研究提供现实基础。

第四章风险投资网络社群形成影响因素研究，是本书的核心章节，基于现有风险投资研究的相关文献，从风险投资机构层面、二元关系层面、网络属性层面，分析影响网络社群形成的因素。具体而言，本章从两个方面展开：首先，基于现有研究文献对风险投资社群形成影响因素的总结与归纳，选择适当指标对这些因素进行测度；其次，运用因子分析法对形成影响因素降维提炼为若干主因子，为下文网络社群形成的理论模型的构建与实证检验做铺垫。

第五章风险投资网络社群形成机理与概念模型。基于相关文献回顾和理论阐释，界定相关变量，构建网络社群形成机理的概念模型，分析这些因素与网络社群之间的关系以及对于网络社群影响的作用路径，提出相关研究假设。

第六章研究设计，是本书的衔接章节，对样本的选择与数据来源、被解释变量和解释变量以及控制变量的指标选取与测度进行阐述，描述性分析样本的数量统计特征，并阐明实证检验所使用的统计分析方法、模型与选择依据，为下一步的实证检验奠定基础。

第七章实证检验与结果讨论。运用回归分析法，使用 SPSS 统计软件实证检验第五章提出的研究假设，并讨论检验结果。具体而言，本章内容分为三个部分：第一部分检验各因素对网络社群形成影响的直接效应；第二部分对中介效应的检验；第三部分对调节效应的检验；第四部分对模型进行稳健性检验。

第八章结论与展望，对本书的研究结论、研究意义与研究的创新点进行概括，并对本书的研究不足进行讨论，对未来的研究进行展望。

本书的各部分的结构安排如图 1 – 14 所示。

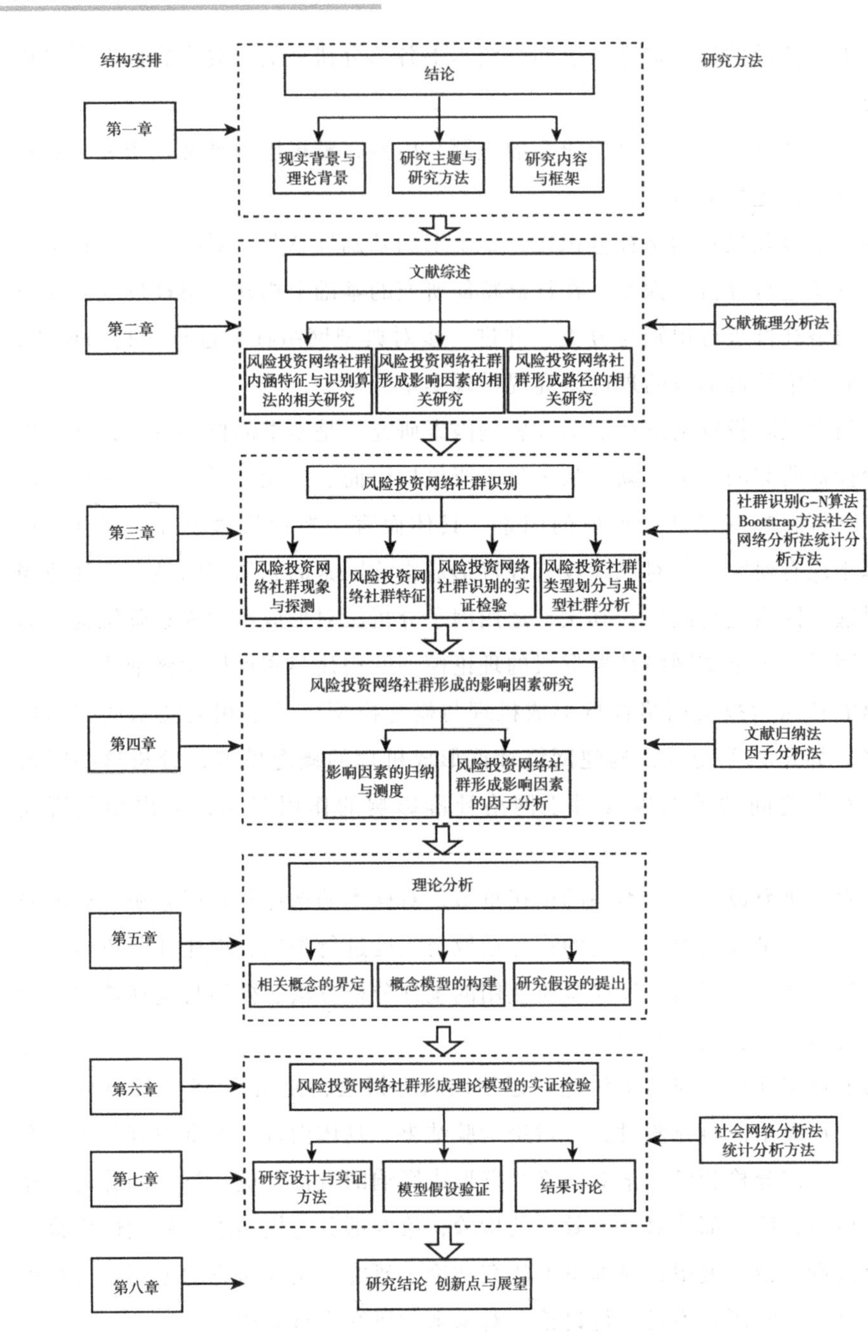

图 1-14 本书结构框架图

第二章

文献综述

第一节

风险投资网络社群内涵特征与识别算法的相关研究

一、风险投资网络社群内涵特征相关研究

网络社群的基本观点可回溯到 Simon （1962）[40]的研究。他认为复杂网络系统由包含多个内在一致的子系统或服务于特定功能目的社群实体所构成，在网络中识别出嵌入其中的社群有助于我们理解网络中功能性因素。伴随着不断深入的对网络的数学特征与物理学意义的研究，人们对网络性质有了更为深入的了解，逐渐认识到大量的现实社会中存在的网络都具有社群结构的性质与特征。也既是多个社群构成了整体网络，相对紧密的社群内节点关系对应着相对稀疏的社群间连接关系（Girvan 和 Newman，2002；Newman，2004）[41,42]。对网络社群的研究，非常有助于加深我们对网络结构和网络特性的认识与把握。例如，在生物网络研究领域，用来阐释食物链的类型，进而对特定物种在稳定的生态环境受到破坏后所将面临的威胁进行预测（Girvan 和 Newman，2002）[41]；识别细胞生物代谢网络路径（Guimera 和 Amaral，2005）[43]；社会网络分析中，用来识别恐怖组织（Memon 等，2007）[44]；在互联网领域中，通过网络社群发现，分析和预测网络行为（Stanoevska，2002）[45]等。

在关于网络社群内涵特征的相关研究中，目前学者主要从社群功能特征和社群空间拓扑形态两个方面入手，对社群的具体内涵和定义进行阐述。在从社群功能特征方面出发阐释社群内涵的相关研究中，早在 Granovetter （1973）[46]

的那篇经典阐述“弱联系优势”理论的论文中，明确指出隐性知识交流、频繁的沟通需要、情感依附环境都会存在对“强连接”的需求，组织间存在强连接关系正是网络社群的重要特征，而弱联系（Weak tie）则是群体之间的信息纽带。Armstrong（1998）[47]认为，社群是一个让人们围绕某些共同兴趣或需求集中交流的圈子，在社群中人们的兴趣、幻想、人际互动或者交易等需求都能够得到满足。Schubert（1999）[48]认为，社群是具有共同的价值观和兴趣的个人或组织在共享的空间里通过相互频繁交流而形成的联合体。Allee（2000）[49]强调，社群是行为者通过共同从事某项活动所形成的基于信任与互惠关系的社会团体。Ahuja（2001）[50]认为，社群应该被定义为跨越时间、空间、组织结构等限制而亲密协作的社会群体。Newman（2006）[51]指出，是社群是具有互惠型关系的成员之间相互联系所构成的集群。

在从社群空间拓扑形态方面出发阐释网络社群内涵特征的相关研究中，Newman 等（2002）[41]对网络社群的物理学意义展开探究，认为在复杂网络中社群是由具有相似属性但又相互差异的节点构成的关系结构。Porter（2009）[52]认为，社群内部节点的密度比群体间的密度大，社群是由连接紧密的节点组成的群体。Clauset（2008）[53]从社会网络分析的视角认为社群是关系特别紧密的个体之间形成的亚组织形态。Fortunato（2010）[54]则将网络社群与簇或模块归为一类，认为社群是由处于相同角色或相似属性的节点所构成的群体。Ahn（2010）[55]认为，网络社群存在重叠与分层现象，指出网络社群具有小社群稳定性以及中心性的特征。Lancichinetti（2011）[56]认为，网络社群类似于模块或簇，群内节点间相对于网络中的其他节点有更高强度的交互作用关系。Sytch（2014）[57]认为，网络社群是宏观整体网络中非重叠的、致密子群，具有群内成员连接紧密，具有较高凝聚性特征。

在风险投资的研究方面，国内外已有部分学者开始涉及网络社群的研究，Bubna 等（2013）[35]针对美国风险投资网络的研究引入了网络社群分析，将风险投资网络社群定义为，风险投资家与部分伙伴高频率的联合所呈现出的投资“抱团”现象。Bubna 等（2016）[34]的研究进一步将风险投资网络社群界定为在风险投资机构间联合伙伴选择偏好的基础上所形成的网络空间聚集团体。金永红等（2016）[58]对我国风险资本市场的研究，研究风险投资机构社团现象，并在随机故障和蓄意攻击两种情况，分析社团的鲁棒性，发现对于随机故障，其对风险投资社团造成的影响有限，鲁棒性较强。但对于蓄意攻击，将对风险投资社团造成较大的影响。这表明核心节点对于网络的稳定性至关重要。罗吉等（2016）[59]的研究发现我国风险投资网络存在日益显著的网络社群现象，网络社群存在延续性与稳定性特征，网络社群成员的不同维度属性有着不同的特征偏好。

二、风险投资网络社群识别算法相关研究

目前学者们主要从重叠和非重叠两种方式展开社群识别。有关重叠社群识别的研究，最早由学者 Palla 等（2005）[60]提出，他采用了一个名为派系过滤算法的方法来对重叠社群进行识别。Bagrow（2007）[61]从不同的节点出发基于局部模块度，开发出了一种局部社群发现方法：LFM 算法。Zhang 等（2007）[62]提出了一种有代表性的进行重叠社群发现的方法：模糊 c－means 聚类的方法。Lancichinetti 和 Fortunato（2009）[63]通过选择不同的种子节点得出了发现社群的层次结构的方法。Zheng（2004）[64]的研究已经开始涉及网络社群的概念，使用派系分析方法对基于 1126 家美国公司型风险投资机构（CVC）所形成的网络结构进行识别，结果发现存在 1218 个相互重叠的派系，由此得出结论认为风险投资网不具有凝聚性。国内王艳等（2010）[65]采用相同的方法研究我国联合风险投资网络，得出的结论也与 Zheng 的类似，认为非凝聚性是我国联合风险投资网络特征之一。周育红等（2014）[66]在一项针对中国创业投资网络的动态演进的实证研究中，分别从子群内外关系、互惠性、可达性和直径、点度数来分析重叠的凝聚子群，得出结论认为风险投资网络分裂为两类：低凝聚力区域和高凝聚力区域。

实际上，学者们已发现在现实的研究中，采用派系的方法所识别出的子群规模都不大，并且存在大量的相互重叠（Alba，1973）[67]，尤其是在对有着成百上千个行动者的大网络进行派系分析时，巨量的相互重叠的派系子群，使得研究失去了必要的意义（Carrington 等，2005）[68]。一般而言，风险市场的网络大都涉及百个以上的节点主体，网络规模巨大，在这种状况下进行重叠社群的识别几乎没有任何意义。

有关非重叠社群的识别的研究，Newman 和 Girvan（2004）[69]提出了一种经典的探索网络社群的分裂探测算法，简称 G－N 算法，G－N 算法是一种典型的全局社群发现方法，其特点是能够通过判断模块性指标 Q 值的大小来辨

识社群探测的优劣。Donetti 和 Munoz（2004）[70]设计了一种基于拉普拉斯矩阵的特征向量的社群发现算法。Capocci 等（2005）[71]采用右随机矩阵（Right Stochastic Matrix）的特征向量对社群进行识别。Bubna 等（2013）[35]基于 Newman 和 Girvan（2004）[69]提出的 G－N 算法，收集美国风险资本市场的联合投资数据，对美国风险资本市场的网络社群现象进行了探测，探测结果显示在美国联合风险投资网络中社群是普遍存在的现象，而且其结构演变呈现相对稳定性。金永红等（2016）[58]基于我国风险投资事件数据，对以机构联合对风险项目投资为纽带形成的联合投资网络和以地理区域为关系纽带形成的风险投资网络，应用非重叠 G－N 探测算法分别进行了社团探测。罗吉等（2016）[59]进一步采用以模块性指标优化为基础的 G－N 凝聚探测算法探测和识别了中国风险投资网络社群，得出结论认为社群现象在中国风险投资网络中广泛存在，并伴随着网络规模不断扩张，趋势更为显著。

第二节 风险投资网络社群形成影响因素的相关研究

现有涉及风险投资网络社群影响因素研究的相关文献，主要从投资机构、二元关系和网络关系三个层面展开。

一、风险投资机构层面

资源依赖理论视角下潜在的合作企业之间具有平衡的资源禀赋相互依存关系时才会导致稳定的连接关系形成，企业往往与具备良好资源禀赋的合作对象以联盟的形式构建网络（Ozcan 和 Eisenhardt，2009）[72]。现有文献大多依据资源依赖理论和社会嵌入理论来描述性解释建立在连接关系形成基础上网络关系形成与演进的现象（Gulati 和 Gargiulo，1999）[73]。也就是，网络开始于相互依赖的企业间连接的形成（Powell 等，1996）[74]，继而在不断地累积嵌入性企业连接关系的过程中网络也不断地演进（Gulati 和 Gargiulo，1999）[73]。结论就是最初的资源和早期的连接关系，是网络形成与演进的决定因素（Gulati 和 Gargiulo，1999）[73]。Pinar 等（2009）[72]进一步认为，一个高效率的网络，大家都能从中获益的网络，一开始形成的时候都是由具有出众资源和社会嵌入的天赋好的企业所构成。Hallen 等（2008）[75]的研究依据资源依赖理论视角，同样认为具有丰富资源禀赋的企业才有可能构建联盟网络。风险投资网络的演进与发展在一定程度上规律性地体现在风险投资网络社群的形成与发展，而网络社群的形成同样受到风险投资机构资源因素的影响。

在声誉理论的视角看来，声誉是企业的一项重要资源。作为本质上是金融中介的风险投资机构，声誉是其生存与发展的关键因素。Clercq 等（2008）[76]的研究认为，风险投资机构常常将好的声誉做为其应为风险项目付出的管理努力的一种替代。高声誉机构对风险项目的管理参与程度往往较低，常常更为依赖其他低声誉联合机构参与风险项目的管理。而低声誉机构为风险项目的管理付出更多的努力也是乐意的，因为这能提高其在投资项目中的地位，并且促进声誉水平的提升。

Lockett 等（2001）[77]的研究显示风险投资机构的历史投资经历决定着声誉的高低，较高的声誉表征丰富的投资经验，这使得机构能够在与其他联合伙伴进行多元化投资和风险共享中得到更为丰厚的收益。Filatotchev 等（2006）[78]的研究进一步补充认为，其他联合伙伴能够通过与高声誉机构的合作，规避投融决策的逆向选择问题，并且还能够获得更多的融资途径、管理参与以及互惠邀请。同样，Hopp 和 Rieder（2011）[79]的研究发现，风险投资公司获取和学习对方拥有的资源是其进行联合投资的原因之一。Drover（2014）[80]认为，声誉是一种对其他联合伙伴有着重要吸引力的关键资源，同时特别利于联合机构间建立密切的联系。Gu 和 Lu（2014）[20]针对中国风险资本市场的联合投资事件数据的研究，发现作为一种稀缺无形资产的声誉能够对企业联盟的形成产生关键性的影响作用。

投资经验不仅是风险投资机构的关键资源，而且还是决定和影响网络社群关系形成的重要因素。Manigart 等（2006）[81]的研究发现，投资经验有效地度量了机构拥有的专业知识，机构拥有的投资经验越多，其投资绩效越好，年轻的缺乏经验的风险投资公司为了获取和提升自身的技能和相关知识，常常以联合风险投资的形式依附于经验丰富的投资机构。Tykvová（2007）[82]的研究也发现风险投资机构为了获取技能、经验等多方面的提升和互补的伙伴关系，并获得更多的知识而进行联合。

风险投资机构的专业化投资策略是影响社群形成的重要因素，其主要表现在两个方面：投资行业偏好和投资阶段偏好。首先，在投资行业偏好方面，

Bygrave（1987）[9]的研究发现风险项目往往集中存在于高新技术行业，为了共享机构间的信息资源，风险投资机构也偏好与其他相同或相似行业的机构进行联合。Reuer和Lahiri（2013）[83]认为，处于相同的行业，能够方便准确评估交易伙伴的资源与能力，进而有助于形成联合关系。Ozmel和Guler（2014）[84]的研究发现在具有较高风险的高科技行业中，采用联合投资战略不但可以为风险项目带来资金、人才、管理等资源，而且可以建立风险项目自身高质量和潜在高收益的良好声誉，进而有助于改善风险投资的绩效。Gupta和Sapienza（1992）[85]的研究发现一个处于技术和组织发展早期阶段的幼年公司，由于还未能形成显著的盈利与业绩，因此相对于处于发展的后期阶段的公司而言需要更多的风险投资机构的参与。仍然处于开发产品阶段的创业风险企业是最具有典型性的。创业企业在发展的早期往往缺乏商业经验和管理技能，并常常是由工程师或相关领域的科学家来运作，企业不管在技术层面还是经济层面都具有很高的不确定性（Sapienza等，1996）[86]。Jin等（2016）[8]近期对我国联合风险投资网络的研究中，发现风险投资机构的行业选择呈现明显的同质性偏好特征。

其次，在投资阶段选择方面，一般而言处于种子期和早期的风险项目风险大，不确定性因素多，因此联合投资的可能性的需要也多，社群形成的可能性越大。因而，在创业企业发展的早期阶段对投资的监督管理相对于后期阶段更耗费时间并具有更高的交易成本。因而，风险投资机构的空间聚集对处于早期阶段的创业企业无疑是更为重要的（Sorensen和Stuart，2001）[87]。Bringmann等（2015）[88]的研究也发现处于早期阶段的风险企业常常会被大量的联合投资形式的机构所支持，若这些联合关系里存在更多的国际风投机构，跨越国界的连接关系是信息与知识的重要传播渠道，能够有效扩展风险企业的资源基础，从而风险企业将会获得一个更好的绩效预期。

资金资源也是影响风险投资形成的重要因素。在对风险项目投资过程从项目信息获取、项目筛选、项目监督与增值服务等各个环节中，风险投资机构均面临各种潜在的风险与不确定性，因而常常选择联合投资的形式来分散风险（Manigart等，2006）[81]。Cumming（2006）[89]基于加拿大风险资本市场的实证数据的研究，发现联合风险投资是有效降低投资组合风险的一种战略选择，进一步研究发现风险投资机构资金资源丰腴程度与联合投资的倾向具有显著正相关关系。Lockett和Wright（1999）[14]基于英国风险资本市场实证数据的研究同样认为联合投资具有明显的分散风险的作用，并强调联合投资还使得投资机构在刚性的资金约束下可以参与更多的项目。Cumming等（2005）[90]在一篇重要的研究论文中论述到风险投资机构在作为金融中介的同时，也是整合资源的中介，利用自身的禀赋如融资、管理、市场与战略方面的优势，为风险项目提供增值服务，从而显著提升项目的价值和发展能力。在此基础上，Deli和Santhanakrishnan（2010）[91]的研究进一步发现管理资金规模大的风险投资机构，由于项目众多，缺乏足够的时间与精力来管理与照料所有项目，因而往往选择熟悉的投资伙伴，通过建立稳定的联合投资网络连接的形式从伙伴获得信息、专业知识、投资经验以及人脉等各方面支持，从而弥补在项目管理上的缺陷。

风险企业的成长有一个相对较长的周期，种子期、初创期、扩张期、再到成熟期，越往后期其所需的发展资金量越大。较长的成长周期使得风险投资缺乏必要的流动性，风险投资机构不能随意地对风险投资进行出售（Sahlman，1990）[28]。因而，风险投资机构往往以投资组合的形式，来保持资金流的平衡而投资不同回收期的风险企业。考虑到非流动性，风险投资机构通常会选择参与联合投资的形式来化解这一问题。

资金资源充裕的风险投资机构在选择联合伙伴的时候，常常会以熟悉且有过合作经历的伙伴作为优先选择对象。一是由于管理资金规模大，受到的联合投资的邀请会越多，联合投资的经验也越丰富，因而选择伙伴的范围也越广，选择熟悉的伙伴联合能够有效地规避由信息不对称所带来的投资后道德风险问题。二是管理资金规模大，平衡投资不同回收期风险企业的资金量也越大，面临更多的非流动性问题，选择熟悉的伙伴联合，有助于在面临流动性问题时候，能够降低与伙伴间风险项目股权转让的交易成本。

最后，现有研究还发现机构背景也在一定程度上影响到网络社群的形成。Lerner（2002）[92]的研究发现具有政府背景的风险投资机构投资领域相比私人风险投资机构更加广泛，政府背景的风险投资机构能够对极具发展潜力但又缺乏资本支持的风险项目起到重要的认证作用。Leleux和Surlemont（2003）[93]基于欧洲资本市场的证实数据的研究发现政府背景的风险投资机构往往带有明显的政策目标，政府背景的风险投资机构的投资行为具有引领示范作能够带动多元的资金投向风险项目，从而起到促进地区经济的发展的作用。Jääskeläinen（2014）[94]针对欧洲资本市场投资数据的研究，认为外来的风险投资机构要进入一个相对陌生的风险资本市场将会面临因识别投资机会和评估风险项目的质量所带来的信息问题，通过与本土风险投资机构建立直接或间接的网络连接来解决这两个问题，间接的连接是利用熟悉本土伙伴建立伙伴的伙伴（Partners' partners）连接，扩大机构的可达性从而解决投资机会识别的问题，直接的与熟悉的本土伙伴的网络连接，又能对投资项目有显著的认证效应，从而解决项目评估的难题。

二、二元关系层面

现有不少研究认为风险投资机构间地理位置远近关系会对网络连接关系的形成产生重要影响。Bubna 等（2016）[34]发现风险投资机构地理距离的远近会显著影响到其对联合伙伴的选择，地理距离越远越不利于联合关系的形成，因而认为风投机构间地理距离是影响网络社群形成的一个重要因素。Greve 和 Kim（2014）[95]从网络社群内的信任关系的视角认为社群内成员机构间地理位置上的异质性阻碍了社群内信任关系的形成，不利于保持的社群稳定。Samila 和 Sorenson（2011）[96]从实证的角度分析了地理距离对联合投资活动的影响，发现投资机构所能获取的投资项目机会信息会显著地随着机构间地理距离的增加而衰减，进而对联合投资行为产生明显的抑制。Reuer 和 Lahiri（2013）[83]从资源传播的视角的研究发现地理距离大使得资源流动成本增加以及隐性信息传播中衰减增多，导致产生逆向选择，进而不利于联合关系的形成。Ragozzino 和 Reuer（2011）[97]的研究也认为，地理距离的增大阻碍了风险投资家之间必要的密切交流，因而负向影响了联合关系的形成。Ozer 和 Zhang（2014）[98]强调企业集群处于相同的地理位置，能够有效地观察到其竞争对手的发展动态，从而获取对自身发展有益的信息。Jin 等（2016）[8]对中国风险资本市场投资数据展开的研究，发现风险投资网络社群的成员机构大多集中分布在经济发达区域，但同一发达地区的机构之间的联合较少，不同的发达地区之间的联合较多。

除了机构间地理远近关系外，现有研究还认为二元信任关系是内部组织间网络形成的重要方面，参与双方会利用之前的交易信息判断彼此的可信赖性，以此来建立连接关系。在战略联盟（Ahuja，2000；Gulati，1995）[99,100]、投资银行联合（Podolny，1994；Shipilov 和 Li，2010）[101,102]、联合风险投资（Sorenson 和 Stuart，2008；Trapido，2007）[103,104]领域大量研究文献都关注在先前的联合形成经历能够促进未来联合关系的发展。这些研究文献取得了压倒性的一致意见，先前的联合促进了信任与社会联系，这又会增加这些行为者选择他们的伙伴形成未来联合的可能性（Dyer 和 Singh，1998；Li 和 Rowley，2002）[105,106]。通过共享合作伙伴的间接链接也能够作为介绍、推荐的渠道，从而增加间接连接伙伴间形成直接连接的可能性（Gulati 和 Gargiulo，1999；Shane 和 Cable，2002）[73,107]。

Strätling 等（2011）[108]对荷兰风险资本市场的数据的研究，实证结果表明机构间联合投资的发生，相互的信任关系是关键的要素之一。Sorenson 和 Stuart（2008）[109]的进一步研究认为投资机构之间的信任关系也是风险投资网络形成的主要原因。Ma 等（2012）[110]发现风险投资机构之间的信任可以共同解决联合风险投资中的问题。Hopp 和 Lukas（2014）[111]从信号理论的视角研究认为风险投资机构间共同投资经历所产生的信任是投资机构继而选择联合伙伴的依据。Kwon 和 Adler（2014）[112]从社会资本理论视角的研究认为信任、共有行为规范与价值观等社会资本所包含的范畴是主要推动网络社群形成的力量。社群内成员间具有更高的交流频率，彼此之间更具有亲密感。同时，他们还将社会资本进行了划分，认为应该包含三部分内容：一是蕴含于社会网络关系资源中的机会；二是社会网络所潜藏的价值观与规范引发的驱动与限制；三是节点间频繁地交互以此将网络节点的能力充分发挥。反过来，Ozer 和 Zhang（2014）[98]认为，形成网络关系会强化组织间的信任关系，有助于掌握难以传播的隐性知识，从而使组织自身的能力得以增强。组织受到网络中强连接机构的相互影响，态度、信仰和行为越来越趋于一致。

另外，从“实践社群”的视角来看，组织更倾向于与认同自己的组织合作，以此加强相互之间的互惠和信任等依赖感，形成共同的行为准则和规范，进而共享资源（Brown 等，1991）[113]。总之，信任卓有成效地规避了网络组织成员互动而产生的机会主义行为的风险，通过在致密且高嵌入的网络中建立信任机制，推动了网络成员间共识与规范的形成，这都为网络社群的形成奠定了基础。

风险投资机构间在联合投资行为中的一个重要行为特征即针对风险项目投资的互惠邀请，目前也是风险投资领域学者们重点研究的方向。互惠行为是社会交换理论的重要内容，社会交换理论是全球范围内传播广泛的一种社会学理论，常常被用于人与人、人与群体、人与组织等关系的研究。在管理学中，社会交换理论广泛应用在组织行为和组织关系的研究中。Flynn（2005）[114]指出，互惠包含直接互惠和间接互惠，同时他认为成员之间的情感连接是通过互惠支持实现的。Ammann（2011）[115]认为，成员间的直接互惠和间接互惠对于社群形成有正向影响作用。Ferrary（2011）[116]的研究发现，主风险投资机构利用其非正式的特权方式邀请其他投资伙伴一起分享项目投资信息，其目的是产生一个拥有不同互补性资源的联合伙伴间的互惠交换行为。这里的联合伙伴可以是纯风险投资机构、也可以是投资银行、企业风险投资（CVC）等其他类别的投资机构。这个邀请行为可以看作为主风险投资机构赠送给其他联合伙伴的一个礼物，期待其他伙伴能够在将来的某个时候完成相应的互惠的礼物交换。周育红和宋光辉（2014）[117]对中国风险投资网络的研究，得出结论认为风险投资网络中的凝聚子群本质上就是一些基于机构成员间互惠交换关系的紧密联系所形成的小团体。

三、网络关系层面

现有从网络关系层面对风险投资网络社群形成的相关研究，主要集中在网络位置和网络聚集两方面。

首先，风险投资机构的网络位置影响网络社群的形成。Ahuja 等（2012）[118]的研究认为，组织所能够拥有的资源的质和量，很大程度上是由其在网络中所处的位置决定的，网络位置的影响体现在获取资源、知识互惠、信息扩散以及信号发送等方面。Dimov 和 Milanov（2010）[119]发现在网络中处于高地位的行动者更倾向于促使企业去广泛获取外部的管理经验与行业指导，这会产生更多的吸引其他的众多的联合伙伴的机会。Polidoro 等（2011）[120]的研究也发现网络中处于核心位置的机构对外围的机构有着天然的吸引力，易于新的连接关系的建立，并且联合伙伴之间拥有共同伙伴越多，它们之间的网络连接关系越稳定。

Tiwana（2008）[121]从战略联盟角度的研究，发现战略联盟中的高中心度和结构洞相辅相成地正向影响了组织的信息获取与收益，促进了网络的稳定性。党兴华等（2012）[122]基于中国风险资本市场的联合投资事件数据的研究发现风险项目较高的成功退出概率是与风险投资机构所处于的网络有利位置存在显著联系，而合作伙伴拥有的差异性资源能够保障风险项目的有效筛选和获得高水平的增值服务，这都促成了机构间的联合投资。

Ozmel 等（2013）[123]的研究认为，网络中位置差的投资机构若是能够与网络位置高的机构合作，这有利于降低机构间机会主义行为发生的概率，一定程度上规避了逆淘汰，从而提升了联盟网络收益，有助于稳固连接关系的建立。Beckman 等（2014）[124]采用半导体行业数据的研究得出结论认为企业占据中心的网络位置，掌握多层面、异质和不对称的多元关系时，所形成的网络联盟能获最大收益。Milanov 和 Shepherd（2013）[125]的研究发现网络位置的差异也会导致联合成员间一定程度的路径依赖，位置差的成员机构希望与处于中心位置的成员机构进行联合，从而获得更多的外界认同，提升自己的声誉与投资绩效，同时声誉与地位高的机构与其他机构连接的频率较高，网络位置对于网络凝聚力的形成有促进作用。罗家德等（2014）[126]的研究发现风险投资机构处于较高的网络位置能够获取最为丰富的网络资源，并占据大量的优质风险项目信息资源，这提升了其他风险投资机构与其形成更为紧密的连接关系的意愿，得出结论认为附着在网络位置之上的资源吸引力有助于形成风险投资圈子。徐梦周和蔡宁（2011）[127]的研究也得出类似的结论，认为风险投资机构处于较高的网络位置声誉传递效应发挥效率更高，外界对投资机构的认同度得以大幅提高，这有利于吸引众多的优质风险投资机构的参与，形成紧密的合作关系。

其次，从自中心网络视角层面，现有研究也认为风险投资机构自中心网络聚集程度显著影响了网络社群的形成。Granovetter（1973）[46]将网络关系细分成强联结和弱联结，并依据联结的强度，用互动频率、情感强度、紧密程度和互助交换的内容四个维度来衡量这种联结关系的强弱。网络中成员关系越密切，网络越致密对非显性知识和信息的传播与交流越是便利，因为在一个致密的网络中，彼此间的信任、共有行为和共享规范产生的可能性更大（Lee 等，2014）[128]。

Wise（2014）[129]认为，网络密度一方面体现了社会网络的冗余连接状况，但更为重要的另一方面是它显示了子群的凝聚力，高凝聚子群发生的机构间频繁连接关系，这可用交易成本理论来加以阐释。Coleman（1988）[130]从网络闭合程度的角度做了卓有成效的研究，他发现自中心网络闭合度的提升，不但有助于传播信息与资源，而且会培育组织间的信任关系，从社会资本的视角也就是增加信任这种社会资本的存量，这有利于传播复杂且隐性信息及行为规范。

Thomaz 和 Swaminathan（2015）[131]在进一步的研究中，同样发现组织网络密度越低时，网络组织中的信任与共同遵守的规范越难以形成，因为低密度往往导致信息传播缺乏必要的渠道，知识以及其他类型的资源也很难有效流动，无助于网络伙伴关系的形成。Coleman（1990）[132]的研究更加明确地指出致密的网络关系是信任、互惠、共同的规范与行为标准产生的基础，这不仅有利于传播网络资源，而且能够充分地使用网络资源。由此，若在网络中规模扩张伴随着密度增大，这提升了行为者之间的交互行为，有利于网络子群的形成。概括起来讲，网络密度越高，网络子群形成的可能性越大。

网络社群形成影响因素研究文献如表2-1所示。

表2-1　　网络社群形成影响因素研究文献

层面	影响因素	代表性学者
投资机构层面	声誉	Clercq等（2008）[133]；Lockett等（2001）[77]；Filatotchev等（2006）[78]；Hopp和Rieder（2011）[79]；Drover（2014）[80]；Gu和Lu（2014）[20]
	投资经验	Manigart等（2006）[81]；Delios和Beamis（2001）[134]；Sorensen（2008）[135]；Bottazzi等（2008）[136]；Tykvová（2007）[82]
	投资行业偏好	Bygrave（1987）[9]；Reuer和Lahiri（2013）[83]；Hopp和Rieder（2011）[79]；Ozmel和Guler（2014）[84]；Jin等（2016）[8]
	投资阶段偏好	Cumming和MacIntosh（2001）[137]；罗家德等（2014）[126]
	资金资源	Manigart等（2006）[81]；Cumming（2006）[89]；Lockett和Wright（1999）[14]；Deli和Santhanakrishnan（2010）[5]；Sahlman（1990）[28]
	机构背景	Lerner（2002）[92]；Leleux和Surlemont（2003）[93]；Brander等（2008）[138]；张学勇等（2011）[139]；Jääskeläinen（2014）[94]
二元关系层面	地理邻近	Bubna等（2016）[34]；Greve和Kim（2014）[140]；Reuer和Lahiri（2013）[83]；Ragozzino和Reuer（2011）[97]；Samila和Sorenson（2011）[96]；Jin等（2016）[8]
	信任	Sorenson和Stuart（2008）[109]；Trapido（2007）[104]；Gulati和Gargiulo（1999）[73]；Shane和Cable（2002）[107]；Strätling等（2011）[108]；Hopp和Lukas（2014）[111]
	项目流互惠	周育红和宋光辉（2014）[66]；Ferrary（2011）[116]；Flynn（2005）[114]；Ammann（2011）[115]；梁平汉和孟涓涓（2013）[141]
网络属性层面	网络位置	罗家德（2014）[126]；徐梦周和蔡宁（2011）[127]；Ahuja等（2012）[118]；Dimov和Milanov（2010）[119]；党兴华等（2012）[122]；Tiwana（2008）[121]；Beckman等（2014）[124]；Ozmel等（2013）[142]
	网络集聚	Granovetter（1973）[46]；Lee等（2014）[128]；Wise（2014）[129]；Thomaz和Swaminathan（2015）[131]；Coleman（1990）[132]

注：作者整理所得。

第三节 风险投资网络社群形成路径的相关研究

一、资源互补与依赖

现有企业联盟网络形成机理方面的研究文献能够为风险投资网络社群形成路径提供重要的理论参照。在企业联盟网络形成机理方面的研究，主要依据的是资源依赖理论和社会网络理论（Ozcan 和 Eisenhardt，2009）[72]。资源依赖理论视角下认为潜在的合作企业之间具有平衡的资源禀赋相互依存关系时才会导致稳定的连接关系形成（Casciaro 和 Piskorski，2005）[143]。同时依据资源依赖理论的观点，企业只有具有良好的资源禀赋才有可能构建稳定的联盟网络（Hallen，2008）[75]。从社会网络视角来看，机构间网络社群的形成在于由于难以判断潜在联合伙伴机构的质量，机构间联合关系形成过程中的不可避免地面临一定程度的风险，然而若联合的潜在伙伴是机构了解且熟悉的，就能够有效规避风险，由此机构更倾向于与其曾经合作过的机构缔结联合关系，构建网络关系（Rosenkopf 等，2001）[144]。社会网络理论是用一种类似于“马太效应”的逻辑来解释网络社群的形成，已经汇集了较多连接关系，在行业中拥有一定地位和较高声誉的组织才更有可能构建网络社群。

在战略联盟的研究文献中，相互依存与资源互补已经成了对为什么企业会形成跨组织连接最一般的解释。根据他们的外生动力，这个研究方向已经在什么决定企业偏好从而形成联盟方面做了重要进展。然而，企业到底与谁形成联盟的决策的研究还不够清楚（Gulati 和 Gargiulo，1999）[73]。所谓的内生动力指的是建立偏好关系，这种偏好关系具有信任、稳定和伙伴间丰富的信息交换的特征（Gulati 和 Gargiulo，1999）[73]。一些学术研究的关注点已经聚焦在社会结构背景的角色，作为联盟形成过程的的重要推动力。

在组织生态学的文献，研究已经从个人行为者层次的解释过渡到双边层次的分析。个体行为者理论的连接关系的形成，最初是从跨组织连接的视角认为建立新连接关系是由单个行为者来推动的（Ryall 和 Sorenson，2007）[145]。例如一个组织，形成一个战略联盟是因为他想进入且获取到他想要的资源。相对的，双边行动者的观点，强调双边层次的解释，例如资源的互补，信任关系，同质性特征等（Hsu，2005）[146]。双边行动者分析的优点在于他内在地解释了这样一个事实，实际上所有形式的行动者之间的互动都来源于双边匹配的过程：行动者之间达成一致，因而双方通过达成的一致进行交流。

二、连接整合关系

现有社群形成的研究也从聚焦于网络之外的解释关系的形成（例如战略联盟来自于具有互补资源特征的成对的企业）过渡到网络自身的解释。Stuart (2007)[147]根据网络自身的解释，认为网络的形成或在给定时间 t 任何网络结构的形成都来自于网络本身的滞后结构（Lagged structure）。例如，Gulati (1995)[148]在关于联盟形成文章中所提到的，组织参与重复的连接关系，第一次的连接关系来自于彼此相互熟识的人的推荐，这提供了一个双边行动者分析的例子。通过已存网络来解释新的连接，Podolny（1998）[149]、Kossinets 和 Watts（2006）[150]也有类似的研究结论。

Podolny 和 Page（1998）[149]对双边行动者分析提出了批评，他们观察到在网络自身的模型中连接关系的形成，一个时期网络连接关系变成了未来连接关系形成的平台。但他们提出了如下问题：最初的网络关系来自于何处？最近仅仅有少量企业背景下的研究涉及到这个问题。Hallen（2007）[151]做了第一个努力，他检验了在互联网安全产业投资于早期阶段企业的风险投资的配对关系。他探索了是否资产和成就会更强烈地吸引高或低地位的投资者投资于新企业。Hallen 猜测是否成功的网络化组织天生的就是具有高禀赋的机构的集合产生了，在这个意义上人脉广泛的机构创建了网络，又或以业绩为基础的匹配产生了良好的联合关系，或以一流企业的业绩吸引了高质量的伙伴。经过检验，他发现先前已经存在的创立者与投资者之间的连接关系在早期风险融资轮次中非常重要，这导致了企业在随后轮次中的成功。与 Hallen（2007）[151]的发现类似，Larson（1992）[152]描述了在高成长公司小群体连接关系建立的过程，也发现预先存在的公司间的连接关系，提供了组织间连接关系形成的平台。无疑，这些研究发现是重要的，网络创立者赋予的他们组织的整合连接关系资源变成了企业层次的社会资本。通过偏好伙伴关系，企业嵌入于紧密连接的网络关系之中。建立在整合连接的社会资本之上，参与新的合作关系，通过复制现存典型连接关系，最终导致紧密连接的社群或团伙形成。这种社群是由多个企业通过多元联盟关系互相联系在一起。网络中这些紧密联系在一起的部分，具有在伙伴中共享价值、概念和信任的特征。

嵌入性指社会联系的网络结构，暗示伙伴联系影响经济行为、结果和网络中组织的行为（Gulati，1995）[148]。嵌入性因而影响企业的连接行为，因为它使偏好联系得以从企业过去已经建立的伙伴关系而形成的社会资本中出现。因而，社会资本本质上依赖于过去的历史，并使得企业依赖直接的和间接的联盟经验做伙伴选择（Chung 等，2000）[153]。因为伙伴选择过程是有成本的且花费时间，企业倾向于在本地搜寻形成随后的连接。致力于与偏好的伙伴建立连接有着减少搜寻成本、获得互补资源并减少机会主义行为的作用（Gulati 和 Gargiulo，1999）[73]。以这种方式，社会资本促成了社群形成的过程（Chung 等，2000）[153]，当前的企业连接关系来自于他们先前的关系活动，并形成了一个行为者形成未来社会联系的基础平台（Chung 等，2000）[153]。虽然 Chung 等强调机构形成的连接大多来自于之前的连接关系，但是 Gulati（1995）[100]的研究得出结论认为反复与自己相熟的同样的伙伴进行联合会对异质性信息资源的传递与获取形成巨大的阻碍，而这些异质性的资源相对而言更有价值，这不仅让机构间的联合关系丧失了"弱连接的力量"（Granovetter，1973）[46]，而且也减弱了伙伴间存在的网络连接关系所构成的社会资本的作用。由此，机构会存在权衡强连接与弱连接的数量对比关系来实现最优的社会资本（Uzzi，1997）[39]。风险投资机构网络社群正是这种权衡后，机构间连接关系在空间上的反映。风险投资机构属于某一社群，则与社群内成员进行联合是其优先的选择，然而这丝毫不会排除他们与社群外其他关系不怎么紧密的伙伴进行联合（Bubna 等，2016）[34]。

三、信任与互惠关系

风险投资网络是建立在联合投资行为基础之上的，实际上网络中的联合投资行为也会由于担心投资后被套牢（Hold - up）和被其他联合伙伴搭便车（Free - riding）而降低努力程度，减少其投资额度，甚至于放弃联合投资战略，从而降低联合投资所可能带来的收益（Tykvová，2007；Wright，2003）[82,154]。为了规避这种被套牢和被其他伙伴搭便车，而导致努力不足的问题，机构倾向于集聚一起形成网络社群。因为社群内机构间相互了解与熟悉，这有利于相互间的沟通交流，有效地解决了信息不对称问题，产生并强化了信任关系并促进了伙伴间的互惠行为，这降低了联合投资所可能面临的负面影响，从而进一步提高了风险投资机构的投资绩效。

Granovetter（1985）[19]在其发表的一篇经典的论文中认为可信度更高的信息源所发出的信息流更能够得到机构的青睐。这能够较好地解释，风险投资项目筛选中，风险投资机构高度依赖于其熟悉的联合伙伴投资决策与项目建议的现象。不完全契约理论同样能够对熟悉伙伴的偏好进行解释，Bottazzi 等(2011)[155]构建了一个建立在不完全契约理论上的联合投资模型，他发现联合投资中，投资机构往往存在投资后由于其他伙伴的败德行为而被套牢或者被其他伙伴机构搭便车的担心，而降低投资额度甚至不参与联合投资；而熟悉伙伴间的频繁联合关系则很好地解决了这个问题，由于相互熟悉与了解，大大降低了伙伴间的信息不对称性，很好地规避了机会主义行为风险，信任与互惠关系得以较好地发展，投资不足的问题得到解决。李维安和周建（2005）[156]认为，网络组织成员的收益，很大程度上来自于网络组织成员间的相互信任这种制度安排。

同时，通过机构间相互邀请参与新的风险项目的互惠关系，是最能使机构直接感知到相互的认同与信任关系。Flynn 等（2012）[157]指出，互惠包含直接互惠和间接互惠，同时他认为成员之间的情感连接是通过互惠支持实现的。Molm（2010）[37]将互惠关系描述为网络形成不可缺少的要素，认为网络必须包括直接的或间接的互惠关系，因为互惠的交换使得行为人通过发展信任和情感的纽带来提高交换关系的效率。

投资的成功需要大量的技能。而一些技能是嵌入的，风险企业常常具有不常见的新兴的商业模式，因此风险投资机构必须通过投资才能在实践中学习到这些技能。风险投资机构需要在投资实践中获取经验，而与熟悉的伙伴的联合关系更便于经验的获取与知识的传递。机构间熟悉的重要性已经被 Gompers 和 Lerner（2004）[158]作了很好的阐释，他们发现在风险项目的筛选过程中，其他联合投资伙伴的投资意向与行为往往可以左右风险投资机构的投资决策，特别是熟悉的联合伙伴之间更是这样，因为熟悉提高了包括隐性信息在内的各类信息资源的交流，这让机构能够对联合伙伴间的行为与概念进行很好的理解与把握（Porter，2000）[159]。Culnan（2005）[160]的研究发现，高认同度群体往往是由一群拥有共同兴趣或相同身份的个体通过长期的交流互动逐渐形成的，个体彼此间通过长期的互动交流逐步培育出彼此间的信任关系，从而导致群内成员眼里群内信息具有超越群外个体所提供的信息更高的信任度。Algesheimer 等（2005）[161]从社会认同理论的视角，来对品牌社群中的社群认同问题进行了研究，他们认为认知和情感要素是群体认同的重要内容。Honeycutt （2005）[162]的研究认为，基于身份认同而形成的群体，在群体间相互对比的情境下，不同群成员间对相互差异的强烈感知将会被激发，从而进一步加强个体对自己所属群的认同度，群体凝聚力也相应得到提升。

第四节 文献述评

综上所述，对涉及风险投资网络社群形成相关的研究问题，国内外学者已从多个视角，综合运用多种理论与方法进行了诸多卓有成效的研究，这为本书的研究提供了思路和方法上的参照与启示。伴随着不断涌现的网络社群层次的相关研究成果，风险投资网络社群的研究正不断得到包括政策制定部门、理论界以及实业界的重点关注。但是现有的关于风险投资网络社群的研究还大多停留在探测与描述网络社群现象上，对风险投资网络社群形成的机理深入探讨与研究还十分缺乏。

第一，通过第一部分风险投资网络社群内涵特征的相关研究的文献回顾可以看出，对网络社群内涵特征的研究主要集中在两个方面，一是在社群功能特征方面，现有的研究已经认识到网络社群有助于由于彼此资源的差异而导致的功利性的互惠交易，进而形成节点的聚集，同时还有文献已经在强调风险投资机构间的信任关系以及在此基础上的情感依赖也是风险投资网络社群的内涵特征，但是研究偏向单一层面，缺乏更为综合的层次更为丰富的研究。

第二，在社群空间拓扑形态方面，现有研究已经涉及社群内部密度相对较大，社群关系的稳定性以及社群的凝聚性特征方面。而直接针对风险投资网络社群的研究则还局限于研究机构间的相互偏好在空间上呈现的聚集现象，当然也不乏研究涉及社群内投资机构属性特征间的差异性，但还欠缺系统性。可以看出，风险投资网络社群是建立在风险投资机构间由于资源互补、风险分担与信息交流需要而形成的联合投资基础上，部分投资机构形成了信任关系，加深了情感依赖，最终形成投资机构在网络空间的稳定聚集。而其网络社群的特征还有待深入探析。在识别算法应用方面，现有文献对风险投资网络社群的识别研究，主要应用两类识别算法，即重叠社群识别算法和非重叠社群识别算法。在重叠社群识别方面，现有研究已经证明针对风险投资网络这种大网络其意义是十分有限的。在非重叠社群识别方面，现有风险投资方面的研究文献大多采用 Girvan - Newman 社群探测算法，该方法被普遍接受并应用的原因在于应用它的前提约束条件少，而且能够以较为精确的方式对社群探测结果的优劣进行评价判断。因此，本书也借鉴使用 Girvan - Newman 社群识别算法来对我国风险投资网络社群进行探测。

第三，从对风险投资网络社群形成影响因素研究的相关文献回顾中，我们可以看出，直接针对风险投资网络的社群形成影响因素的研究文献还十分有限，但是现有大量的联合风险投资以及联合风险投资网络的文献实际上已经内在地涉及网络社群形成的研究，为我们的研究提供了重要的参考与线索。从风险投资机构、二元关系、网络关系三个层面的文献梳理，已基本囊括了从机构微观到网络宏观所涉及社群形成的大多数影响因素，但这些研究相对比较分散，还缺乏系统的综合与验证。这些研究散见于联合投资、联合投资网络甚至组织联盟的文献，至于有多少能在实践中显著影响风险投资网络社群的形成，还需要基于实际数据的实证加以验证。基于此，本书从对各类影响因素的梳理开始研究，并采用我国历年来风险投资事件数据，对网络社群形成机理进行实证检验。

第四，回顾第三部分风险投资网络社群形成路径的相关研究的文献，可见机构间资源的差异导致了相互之间的互补合作，拥有越多且稀缺的资源的机构往往能够得到更多的信任与依赖，这可以说是企业联盟形成的路径，但也很可能是风险投资网络社群形成的重要路径；连接整合关系方面现有研究从网络自身的视角发现现有网络连接关系实际上是未来连接关系形成的平台，连接整合程度深，未来形成稳定的连接的可能性越大，结合前面资源互补的研究，即使机构间资源存在非常适宜的互补关系，但缺乏连接整合能力，机构间资源相互合作匹配的可能性也会大大降低。

第五，有研究还认为机构间连接整合强度大，也表明机构间相互依附的程度深，这也能一定程度上解释网络社群的形成；最后在信任与互惠关系方面，现有不管是联合投资的文献还是联盟企业的文献大多认为机构间建立在信任关系基础之上的情感依赖是形成一个稳定网络关系的关键要素。实际上综合以上三条路径的研究，我们可以发现无论是资源的互补还是连接整合关系强度高，都能够形成联合投资或网络连接关系，这是形成网络社群的最基本的条件，但在这两者基础上形成的认同与信任关系，进而表现为一定的情感依赖关系才是网络社群形成的关键路径因素。通过对本部分文献的梳理与回顾为本书的风险投资网络社群形成机理模型的构建提供了有益的参照与启示。

第三章

风险投资网络社群识别

本章从本书的研究主题出发，首先对我国风险投资网络社群现象进行分析与探测，在对社群特征研究的基础上构建识别模型识别我国风险投资网络中的网络社群，并对识别出的社群进行类型划分，分析典型社群，为下文的风险投资网络社群形成的理论研究奠定现实基础。具体来说，本部分内容从四个方面展开：首先，基于我们对我国联合风险投资网络实践的观察，收集处理2000~2016年我国联合风险投资事件数据，采用社会网络可视化图谱分析对我国网络社群现象进行呈现，并采用层次聚类中的Girvan - Newman算法对我国风险投资网络社群进行探测；其次，从凝聚性与稳定性两方面研究风险投资网络社群的特征；再次，在网络社群特征研究的基础上构建风险投资网络社群度测度模型，借助于非参数Bootstrap方法，对我国风险投资网络社群进行识别；最后，利用随机零模型节点度数方差作为参照的方法，将网络社群划分为领导者型社群与自组织型社群，并对我国风险投资网络中典型社群进行分析。

第一节 我国风险投资网络社群的探测

基于前面第一章我们对我国联合风险投资的“抱团”现象的观察，本节内容主要目标是判断这种“抱团”现象在我国风险投资网络层面是否具有普遍性，并以此为基础的显著的网络社群现象是否存在，因此要做这样理论上定性的判断，首先需要在我国联合风险投资网络数据基础上，实证探测风险投资网络社群。

一、Girvan－Newman 社群发现算法与数据

风险投资网络社群的探测与发现具体而言就是将偏好于共同行动的风险投资机构归集到不同的集群。我们在探测中，一是不要求所有机构都必须归为某一社群；二是不固定社群的数量；三是不固定社群的规模。在以上前提条件下，探测面临较大的灵活性挑战，探测出的网络社群将有非常多的可能的划分结果。因而，来判断到底何种划分才是最佳的网络社群划分将是一个较难解决的问题。

本节针对社群的探测，采用层次聚类中的 Girvan－Newman 算法，以最大的模块性指标 Q 值作为探测网络中最终社群结构划分的标准。该算法最大的特点也是优点就是能够在探测社群过程中，给出每一种探测结果的模块性指标 Q 值，Q 值越大，社群划分质量越高，因而可以选用最大 Q 值所对应的探测结果作为最终社群划分。该算法是并不固定社群数量与社群规模的良好的社群发现方法，在实践运用中，又存在两个具体的探测方法：分裂探测算法和凝聚探测算法。分裂探测算法是将整体网络先作为一个社群，然后持续不断地分裂为更小的社群，当分裂到一定程度后，就得到了社群的最终划分。这种探测在社群结构不十分显著的情况下，往往划分出规模巨大的社群。而凝聚探测算法，则与分裂探测算法相反，它是将网络中每一节点都看成是一社群，然后通过与有边相连且合并后使得模块性指标 Q 增加的节点进行持续不断地合并，算法每合并一次都对应一个 Q 值，直至网络中所有节点都进行了合并探测，最后形成最大的 Q 值所对应的社群划分，也就是通过凝聚算法所找到的最优社群结构。本书采用最优模块性指标为基础的 G－N 社群凝聚探测算法（Girvan 和 Newman，2004）[11]，主要原因在于传统的社群发现算法很多情况下会对社群的数量或规模进行固定，这不符合风险投资社群的特点；而且相较于 G－N 算法存在一个模块性指标可以作为判断社群探测优劣的评价依据，传统算法缺乏评判的依据，因而所探测出的社群结构也很难判断划分的优劣。数学上，最优的社群划分就是要使得划分后的网络社群内部节点的连接的比例减去在相同社群划分下任意节点的连接比例的期望值最大。

在网络社群发现算法的研究上，Newman（2006）[163]给出的模块性指标 Q，得到了学术界的认同，并被广泛应用，被认为是能够有效评价社群划分结构优

劣的指标。

其计算公式如下：

$$Q = \frac{1}{2m}\sum_{ij}\left(A_{ij} - \frac{d_i \times d_j}{2m}\right)\delta(i,j) \tag{3.1}$$

其中，风险投资机构 i 和 j 联合投资的次数，以关系矩阵 A 的元素 A_{ij} 来表示。$d_i = \sum A_{ij}$ 表示风险投资机构 i 的中心度，也即是机构 i 参与的全部联合风险投资的数量。$m = \frac{1}{2}\sum_{ij} A_{ij}$ 是矩阵 A 全部连接权重的加总。δ（i，j）是个逻辑判断函数，来判断 i 节点和 j 节点是否同属一个社群，若是在一个社群，赋值 1，不在则取值 0。Q 值介于 -1 与 1 的区间范围。若 Q>0，就表示社群内实际连接数量已经大于其期望的连接数量。正常情况下，当 Q 值超过 0.3，就能够有把握地判断网络存在显著的社群现象。因而，本书将每一时间窗社群测度结果中最大的 Q 值所对应的社群划分作为社群的最终划分。

本书所研究的风险投资网络社群，是建立在机构间联合投资关系之上的。而对风险投资机构间的联合投资的概念又存在狭义与广义两种界定。狭义的联合投资针对的是两家或两家以上投资机构在同一轮次投资于同一风险项目的情况，而广义是指在对同一风险项目的投资过程中，有两家或两家以上的风险投资机构参与，并不要求在同一轮次的情况。本书采用现有研究文献普遍的做法，使用广义的联合投资的概念。

而对于风险投资网络，学术界也存在两种认识：一种认为风险投资机构间通过共同对风险项目的投资行为为纽带，而形成的联合投资关系网络就是风险投资网络，这是从横向联合的视角得出的认识（Hochberg 等，2010；Hopp，2010）[30,164]；另一种认为风险投资网络是风险投资机构与其他利益相关方诸如联合伙伴、政府、会计中介等等的合作关系所构成的社会网络，这当然是从更为立体的横向纵向合作关系视角的认识（Maclean 等，2010；Weber 等，2011）[165,166]。

本书采用第一种横向视角的风险投资网络的概念来研究网络社群。由此，本书选择具有联合投资行为特征的风险投资机构作为研究对象，研究样本数据来自于2000 年 1 月 1 日到2016 年 12 月 31 日期间所发生的联合投资事件数据。本研究之所以将样本数据选择的起点放在 2000 年初，主要是对我国风险投资业发展实际的现实考虑，在我国2000年以前无论是投资规模还是机构数量都相对较小，联合风险投资行为也不活跃，并且统计数据缺失较为严重，从样本数据的规模与质量考虑，文中以2000年作为样本数据收集的起点时间。

二、社群探测结果

本书针对五年移动时间窗所形成风险投资网络的网络社群进行探测，实际上，时间窗的长度选择在现有研究中较多采用两种，一种是三年时间窗；另外一种是五年时间窗。本书之所以没有采用三年时间窗，是考虑到三年时间窗稍显短暂，难以保证网络联合伙伴关系确定的准确性，而五年时间窗的划定既给投资机构留出了足够的时间来形成联合伙伴关系，同时又避免了期间过长而产生的信息冗余过时的问题，这与Hochberg等（2007）[29]的研究设置是类似的。

具体操作中，我们采用Ucinet 6.461软件内嵌的层次聚类模块选用Girvan - Newman凝聚探测算法，探测2000~2016年五年移动时间窗所形成的13个风险投资网络的网络社群。本书将2000~2016年的联合投资事件数据整理成为13个移动时间窗的网络关系矩阵，对每一关系矩阵应用Ucinet软件的Girvan - Newman凝聚探测算法聚类模块进行社群探测。在具体的分析过程中，考虑到依赖理论算法的结果与现实社群的定义的差异，本书删去了数量规模小于4的社群，而仅对数量规模为4或大于4的社群进行分析，探测结果详见表3 - 1。从表中可知，13个时间窗下所探测出的网络社群数量最小12个，最大116个。相同时间窗中社群规模也大小不一，规模小的刚好达到文中规定下限4个，规模大的机构数量达到两百多个。13个时间窗社群平均规模也分布在10.89~31.70之间。所有移动时间窗社群探测所得到的最优模块性指标都超过0.3，这表示每一移动时间窗网络社群现象都是较为显著的。随着时间窗的不断动态推移，动态时间窗最大Q值的变化也表现出不断增大的趋势，这表现了越来越显著的网络社群现象。

再观察移动时间窗E - I指数①测算结果，可以发现，每一时间窗的社群

① E - I指数是用来测度社群内聚程度的指标，用社群密度与整个网络密度之比来计算，取值范围为［-1，1］，值越小说明社群的内部连接越稠密，社群间的连接越稀疏。该指标现已内嵌于Ucinet软件中。

都具有较高的内聚化程度，指数值都小于 -0.3；还可以看到从 2002 ~ 2006 年时间窗开始往后推移，网络社群呈现持续的内聚化增长的态势，指数值从 -0.310 逐渐降低到 2012 ~ 2016 年时间窗的 -0.714，这表明社群与社群之间机构联系在逐步降低，而社群内机构间联系却有增长的趋势。

表 3 - 1　　风险投资机构网络社群结构探测结果

	机构总数	群规模小于 4 机构数	Q 值	E - I 指数	社群数	社群规模			
						最小值	最大值	均值	标准差
2000 ~ 2004 年	191	18	0.467	-0.417	12	4	36	14.42	10.61
2001 ~ 2005 年	220	13	0.472	-0.343	19	4	41	10.89	11.61
2002 ~ 2006 年	301	17	0.486	-0.310	22	4	66	12.91	14.93
2003 ~ 2007 年	422	19	0.495	-0.318	28	4	70	14.39	20.32
2004 ~ 2008 年	533	25	0.493	-0.364	33	4	102	15.39	29.50
2005 ~ 2009 年	629	31	0.523	-0.396	43	4	150	13.91	31.37
2006 ~ 2010 年	778	43	0.538	-0.497	46	4	149	15.98	38.12
2007 ~ 2011 年	895	70	0.571	-0.510	52	4	163	15.87	37.09
2008 ~ 2012 年	929	66	0.598	-0.610	56	4	185	15.41	39.90
2009 ~ 2013 年	1056	73	0.644	-0.634	61	4	222	16.11	40.82
2010 ~ 2014 年	1565	73	0.678	-0.645	87	4	235	17.15	50.13
2011 ~ 2015 年	2692	90	0.683	-0.706	98	4	245	26.55	41.15
2012 ~ 2016 年	3812	135	0.691	-0.714	116	4	249	31.70	44.70

为了加强直观的感性认识，我们给出了 6 个时间窗的联合风险投资网络社群拓扑图，分别标示出了三个最大的网络社群，详见图 3 - 3 到图 3 - 5。

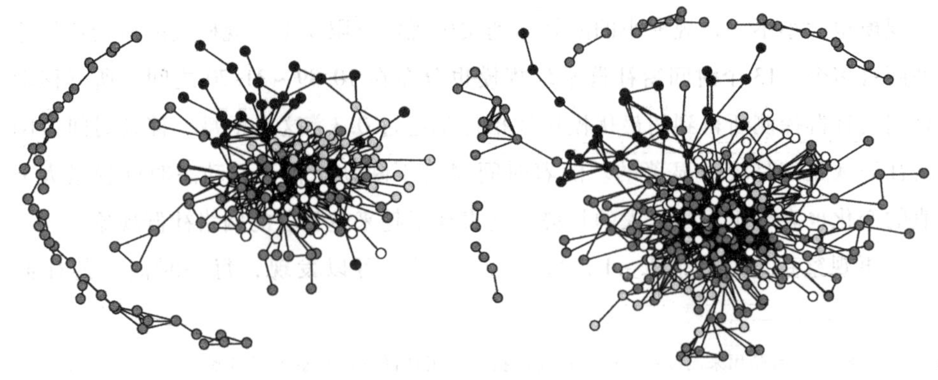

图 3 - 3　2000 ~ 2004 年和 2002 ~ 2006 年网络社群结构

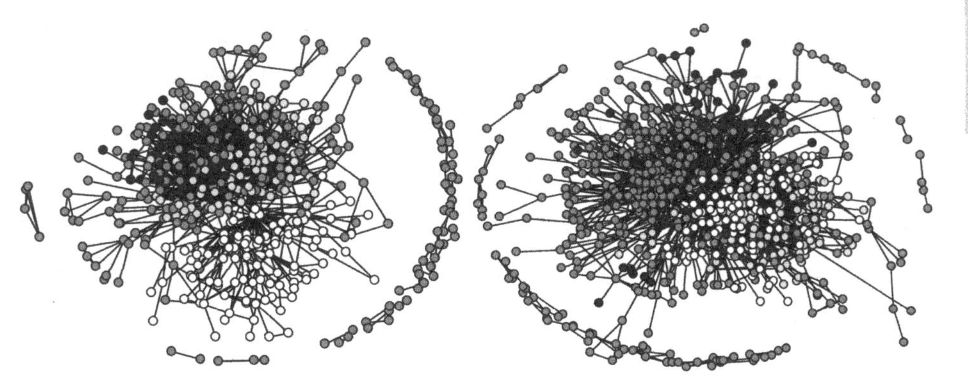

图 3-4 2004~2008 年和 2006~2010 年网络社群结构

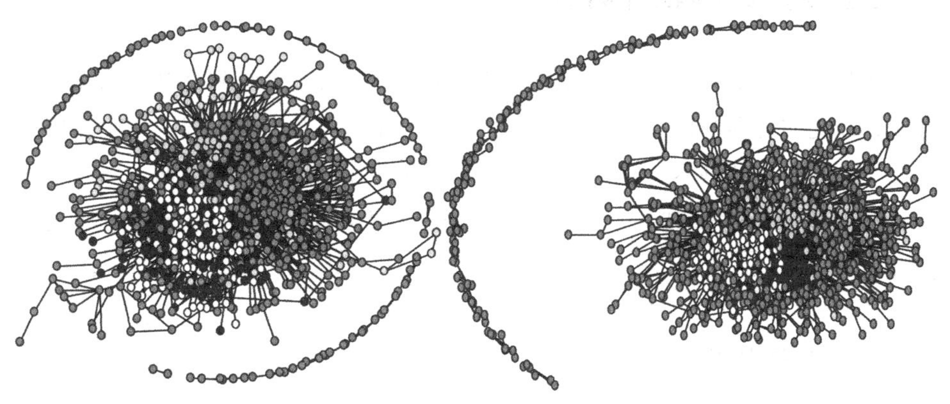

图 3-5 2008~2012 年和 2010~2014 年网络社群结构

由图 3-3~图 3-5 可见，网络规模随时间的推移不断地增大；社群内节点间联系的紧密程度直观上看也要高于社群与社群之间的联系程度，这又与 E-I 指数测算的结果相一致；同时我们还能观察到，在每一时间窗下，都有部分与其他社群几乎没有联系的卫星社群，随着网络规模的扩张卫星社群的数量也相应增加。

综上，我国风险投资网络中，基于伙伴选择偏好的社群现象广泛存在，且随着时间窗的移动，网络规模持续扩大，社群内聚化程度持续增大，社群内成员关系越来越紧密，跨社群关系相对越稀疏，网络社群现象越来越显著。我们在每个五年移动时间窗的样本中都探测到多个社群，不同时间窗风险投资网络社群的数量从 12~116 不等，社群的平均规模为 19.84 个成员。随着 5 年时间窗移动，网络模块性 Q 值由 0.467 持续上升至 0.691，这种变动与我国风险投资市场中越来越显著的“抱团”现象是吻合的，表明我国建立在联合投资伙伴选择偏好基础上的风险投资网络社群现象不仅存在，而且越来越显著。这结论与 Bubna 等（2013）[35]对美国风险资本市场的研究结论相一致，但与国内王艳等（2010）[65]的研究认为，我国风险投资网络具有非凝聚性特征的观点相反，相对于派系研究过于苛刻的前提条件，本书所采用的灵活的 G－N 社群识别算法更适宜对大网络的研究，因而得出的结论也更加符合现实中我国风险投资网络的发展实际。

第二节 风险投资网络社群特征分析

风险投资网络社群的产生与发展是风险投资网络由低级到高级、从无序到有序，以此实现参与的投资机构自身利益最大化的一个发展过程。风险投资网络社群从其本身的基本特征而言，体现于凝聚性和稳定性两个方面，只有综合研究网络社群的这些特征，才能对风险投资网络社群的内涵有较为深刻的把握。

一、凝聚性特征

一般而言，网络分析存在三个分析层面，即宏观、中观和微观（Jordi，2005）[167]。宏观层面主要研究网络密度、网络规模以及网络中心度分布等内容；微观层面的分析主要针对单个节点的网络属性特征，例如中心性、网络位置、网络能力等；介于宏观和微观层面之间就是中观层面，主要包括二元关系分析、三元闭包分析和凝聚子群分析等。

目前虽然有关凝聚子群的定义还不够统一，但不管是社会群（Social group）、子群（Subgroup）、派系（Clique）还是宗派（Clan）等的研究都认为凝聚性是其重要的特征。社群通常是在网络中形成的具有高度的凝聚性特征的子群体（Knoke 和 Kuklinski，1982）[168]。凝聚性指的是在社会系统中人们之间相对直接且强烈的互动的程度，基本不需要中间人参与，亦即是不需要间接联系（Bovasso，1996）[169]。社群内成员间，各种社会势力通过直接和间接接触运作，以这种方式，相对于社群外部，社群内凝聚力产生（Wasserman 和

Faust，1994)[170]。当行为者相对频繁地联系（面对面）并当他们通过中介连接在一起（Wasserman 和 Faust，1994)[170]，机构将具有更加同质化的倾向。

在上文对风险投资网络社群的观察与探测中，我们发现网络中存在一些稠密的群体“黏附在一起”。以此可以说这些黏附在一起的节点间的联系更加紧密，即部分彼此熟悉或存在一定关联关系的风险投资机构相互间的往来更加的频繁。网络社群内成员机构间相互更为熟悉与了解，因而彼此间更有认同与信任，引发相应的互惠交换的较高的频率，据 Bubna 等（2013)[35]的研究发现，在美国风险投资网络中，社群内的连接量远高于社群外，前者是后者的 16 倍。Jin 等（2016)[8]从中国联合风险投资网络出发进行的社团分析，测度并比较了网络聚合系数、特征路径长度和中心度，发现风险投资网络社团呈现出一定程度的小世界网络特征。网络社群形态在包括对风险项目的事前筛选、事后监督以及增值服务等投资过程中的每一个环节都能够发挥有利的作用，它既能够促进群内伙伴间信息与资源的共享，又能够推动机构间互惠行为与合作的顺利进行，此外还并不排斥对群外新信息与资源的适度地获取。网络社群的凝聚性显著地促进了机构间的信息交流，强化了彼此间互惠互信行为，有效地解决了由于担心投资后被套牢和被其他联合伙伴搭便车而减少其投资额度，甚至于放弃联合投资战略的问题。综上可知，凝聚性特征是风险投资网络社群的基本特征。

本书选取网络社群密度来对社群凝聚性特征进行刻画，社群密度代表社群中节点间的稠密程度。社群密度指标来源于网络密度，相当于计算整体网络中相关子网络的密度。

网络密度是用行为者相互实际直接连接的数量比上所有理论上可能的连接数量，所得到的比值来加以测算，它是对网络中各节点连接关系紧密程度的反映（Scott，2012)[171]，高密度常形成强关系，而低密度则构成弱关系。Barnes (1972)[172]在其较早的一篇论文中，比较了两类社会网络分析，并从中引出了两类网络密度：一类是社会中心网研究，从整体网络模式切入，认为网络密度是整体网络密度；第二类是自中心网的研究，即是针对围绕某些行为主体而展开的社会网的研究。本书采用第一类的整体网络密度的计算方法来计算社群密度，因而社群密度是指网络社群中实际存在的连接数量，以其占最大可能连接数的比例。其计算公式为：

$$D_i = \frac{m}{n(n-1)} \quad (3.2)$$

其中，D_i表示网络中第 i 个社群的密度；m 表示社群中机构间实际的连接数目；n 指社群中机构的数量。

依据该公式，我们对上文所识别出的网络社群的密度进行了计算，表 3－3 给出了社群密度的描述性统计。

表 3－3　社群密度分布状况

时间窗	社群密度均值	标准差
2000～2004 年	0.031	0.194
2001～2005 年	0.030	0.206
2002～2006 年	0.027	0.214
2003～2007 年	0.035	0.137
2004～2008 年	0.033	0.176
2005～2009 年	0.029	0.156
2006～2010 年	0.022	0.136
2007～2011 年	0.031	0.116
2008～2012 年	0.026	0.101
2009～2013 年	0.032	0.123
2010～2014 年	0.029	0.136
2011～2015 年	0.027	0.151
2012～2016 年	0.026	0.147

二、稳定性特征

除了凝聚性，从动态识别的角度，网络社群还有一个重要特征就是稳定性。Goldberg 等（2011）[173]通过自己开发的算法框架，对社会网络中的社群演化现象进行了研究，从社群形成初期为起点的演化来预测社群的生命周期，得出结论认为社群的存续与其规模、连接的紧密性和稳定性密切关联，规模越小、连接越致密且越稳定的社群能够存续更长的时间。Sytc 和 Tatarynowicz（2014）[57]对创新网络社群的研究，也进一步表明网络社群在动态演化过程中，社群的规模与数量都会随着演化的不断推进持续地进行调整，但在一定的时间范围内保持相对稳定的状态。风险投资网络社群内成员间相互认同与信任，存在偏好和情感依附的倾向，因而社群成员总体上处于稳定持续的合作状态。Bubna 等（2013）[35]针对美国风险资本市场的网络社群现象的研究显示大约 9 成的风险投资机构在一年以后依然保持在原有社群之中，而超过 7 成的机构 5 年以后仍然留在原来的社群里。

一旦网络社群流动性过于巨大，一定时期存在的社群，可能在下一个时期就不复存在了。我们的研究对象社群也就不复存在了，因而本书研究的对象是具有稳定性的网络社群。在探测出网络社群后，考察网络社群的稳定性。对社群稳定性进行定量研究的一个难题来自于使用的探测算法的灵活性。具体而言，本书依据现实的风险投资机构数据来决定网络社群的形成，不对其规模和社群数量进行任何的限制。因而，在某一时期属于同一社群的 9 位成员其关系可能在下一个时期保持不变，但很可能已被分为了两个，甚至两个以上的互斥的社群，这些社群成员的总和仍然是 9 个。此外，新成员能够进入任何新的社群或是一些风险投资机构在下一个时期不再属于任何社群。这个可能性见表 3－4 所示，国内著名风投深创投在两个互不重叠的时间窗，2002～2006 年，2007～2011 年，都是某一社群成员。但仅有 PNV、中以基金、中国风投和深创投保持在同一社群。不同规模的社群杂合在一起，这使得很难判断第 t＋1 期的社群的形成是来源于上一期的哪一个社群。同时，社群规模也在不断地变化之中，要做社群结构稳定性的判断难度将会更大。

表 3－4　　样本社群成员构成比较

时间窗	样本社群成员
2002－2006 年	北京高新创投、辰能风投、哈尔滨创新投、海汇投资、深创投、湘投高创投、中融国际、PNV、东方富海、国投高科、达晨创投、康沃资本、新兴创投、中国风投、亚商资本、中以基金、中华创投
2007－2011 年	Carmel Ventures、PNV、安成投资、宝升科投、保腾创投、海泰创投、中国风投、华工创投、火炬科投、开来投资、科宝投资、深创投、世盈创投、诚鼎创投、创富成长、大华创投、大鑫创投、东圣投资、高睿创投、太钢创投、天堂硅谷、武汉科创投、小象创投、信辉创投、正同创投、中金创新资本、中以基金、中科龙盛、天津创投

为此，研究选用 Jaccard 相似指数来数量化网络社群结构的稳定性。对任意一对集合，Jaccard 指数被定义为其交集与并集之比。换句话说，如果 A 和

B 是一对风险投资网络社群，二者的 Jaccard 相似指数：

$$J(A,B)=\left|\frac{A\cap B}{A\cup B}\right| \tag{3.3}$$

对于社群结构，假定 $A^t=A_1, A_2, \cdots, A_m$ 代表在时期 t 的 m 个网络社群；$B^{t+1}=B_1, B_2, \cdots, B_n$ 表示 t+1 时期的 n 个网络社群。对社群 A_i，其复合 Jaccard 相似指数则为：

$$J(A_i,B)=\overline{J(A_i,B_j)_j}\,|\,J(A_i,B_j)>0;j=1,2,\cdots,n \tag{3.4}$$

对 B 中每一社群都与 A_i 计算 Jaccard 相似指数并取均值，得到复合性 Jaccard 指数。比如：若有一社群第 t 和 t+1 时期都存在，且第 t 时期的所有社群成员在 t+1 时期都保持在同一社群，那么复合 Jaccard 指数等于 1。同理，若所有成员都均等地分成了两个社群，那么复合 Jaccard 指数等于 0.5。

基于上文所识别出每一移动时间窗的社群，检验相邻时间窗的社群是否相似，使用 Jaccard 相似指数来测度在相邻时期的任意一对社群的相似性，然后对大于 0 的 Jaccard 相似指数取均值，得出移动时间窗内某一社群的复合 Jaccard 相似指数，最终计算结果的描述性统计见表 3-5。

表 3-5　社群稳定性特征测度结果

时间窗 1	时间窗 2	社群 Jaccard 指数均值
2000～2004 年	2001～2005 年	0.183
2001～2005 年	2002～2006 年	0.198
2002～2006 年	2003～2007 年	0.170
2003～2007 年	2004～2008 年	0.283
2004～2008 年	2005～2009 年	0.196
2005～2009 年	2006～2010 年	0.313
2006～2010 年	2007～2011 年	0.268
2007～2011 年	2008～2012 年	0.289
2008～2012 年	2009～2013 年	0.213
2009～2013 年	2010～2014 年	0.252
2010～2014 年	2011～2015 年	0.264
2011～2015 年	2012～2016 年	0.198

第三节

风险投资网络社群度测度模型

上文我们用 G－N 算法对移动时间窗内风险投资网络社群进行了探测，但仅仅是使用的数学方法进行的探测，探测出的社群到底多大程度上具备现实中社群的基本特征，我们还需要构建一个综合指标加以测度。为此，本书基于网络社群的凝聚性特征和稳定性特征构建了风险投资网络社群度测度模型。

将由 G－N 算法所探测出的所有社群的社群特征指标看作是一个数据矩阵 X，X 的第 i 行 X_i = （X_{i1}，X_{i2}，…，X_{it}），X_{it}是第 i 个社群的第 t 个特征指标，其均值向量

$$\bar{x} = \frac{1}{n}\sum_{i=1}^{n} x_i = (\bar{x}_1, \bar{x}_2, \cdots, \bar{x}_n)\left[\frac{1}{n}\sum_{i=1}^{n} x_{i1}, \frac{1}{n}\sum_{i=1}^{n} x_{i2}, \cdots, \frac{1}{n}\sum_{i=1}^{n} x_{it}\right] \quad (3.5)$$

为 X 的列向量均值。建立特征指标的经验协方差矩阵 G，它的第（j，k）分量

$$G_{jk} = \frac{1}{n}\sum_{i=1}^{n}(X_{ij} - \bar{x}_j)(X_{ij} - \bar{x}_k), j,k = 1,2\cdots,t \quad (3.6)$$

进而计算 G 的特征值 $\hat{\lambda}$ 与特征向量 $\hat{\upsilon}$，将 $\hat{\lambda}$ 按降序排列得到 $\hat{\lambda}_1 \geqslant \hat{\lambda}_2 \geqslant \hat{\lambda}_3 \geqslant \cdots \geqslant \hat{\lambda}_t$，对应特征向量为：

$\hat{\upsilon}_i = (\hat{\upsilon}_{i1}, \hat{\upsilon}_{i2}, \cdots, \hat{\upsilon}_{it}), i = 1, 2\cdots, t$。

则用于测度网络社群度的模型为：

$$Q_1 = \sum^{1} \hat{\upsilon}_{1k} x_{ik}, i = 1, 2, \cdots, n \quad (3.7)$$

这里的 Q_i是一个实数，它表征了第 i 个社群的社群化程度，被看作第 i 个社群的社群度，$\hat{\upsilon}_1 = (\hat{\upsilon}_{11}, \hat{\upsilon}_{12}, \cdots, \hat{\upsilon}_{1t})$对应 G 的最大特征值 $\hat{\lambda}_1$。图 3－6 给出了两个社群特征下社群度模型的形象表述。图 3－6（a）的数据正好处于一条直线上，Q_i为沿着这条直线的每个点与原点的距离。图 3－6（b）更接近现实，数据不处

于一条直线上，但具有渐进线性，图中的直线方向由经验协方差矩阵的最大特征值 $\hat{\lambda}_1$ 对应的特征向量 $\hat{\upsilon}_1$ 给定，它将每个点与其正交距离的平方和最小化，正交距离由图 3 -6（b）中的短线部分表示。若用两个实数，如（Q_i，O_i'）来表征社群的社群程度，Q_i' 可定义为各社群特征以 $\hat{\upsilon}_2$ 各项作为权的线性组合，即

$$Q_i' = \sum_{k=1}^{2} \hat{\upsilon}_{ik} x_{ik} \tag{3.8}$$

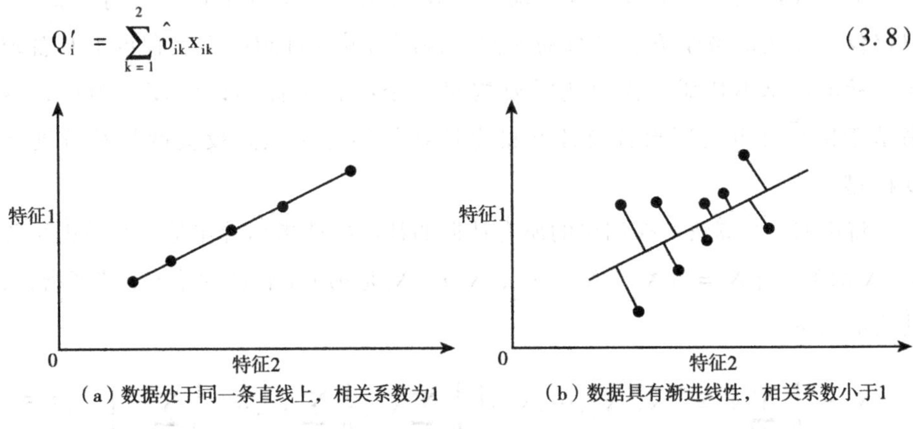

（a）数据处于同一条直线上，相关系数为1　　（b）数据具有渐进线性，相关系数小于1

图 3 -6　两特征的散点图

以下是由该测度模型计算出的各个时间窗社群度的描述性统计，如表 3 -6 所示。

表 3 -6　社群度描述性统计

时间窗	社群度均值	标准差
2000 ~ 2004 年	0. 330	0. 220
2001 ~ 2005 年	0. 451	0. 166
2002 ~ 2006 年	0. 473	0. 101
2003 ~ 2007 年	0. 404	0. 193
2004 ~ 2008 年	0. 334	0. 155
2005 ~ 2009 年	0. 403	0. 102
2006 ~ 2010 年	0. 436	0. 077
2007 ~ 2011 年	0. 488	0. 216
2008 ~ 2012 年	0. 375	0. 076
2009 ~ 2013 年	0. 426	0. 118
2010 ~ 2014 年	0. 281	0. 121
2011 ~ 2015 年	0. 318	0. 078
2012 ~ 2016 年	0. 405	0. 066

基于以上构建的网络社群度测度模型，计算参数：

$$\hat{\theta} = \frac{\hat{\lambda}_1}{\sum_{i=1}^{t} \hat{\lambda}_i} \tag{3.9}$$

它表征了网络社群特征构成的经验协方差矩阵的第一主成分对应的方差占全体方差的比值。图 3 –6（b）的数据点越靠近渐近线，$\hat{\theta}$ 的值越大，说明测度模型的解释能力越强。但问题是对特征数据一次处理而计算出的 $\hat{\theta}$ 具有不确定性，其本身的精确性如何？本书采用 Bootstrap 方法来构建置信区间。从原始样本数据 X 的每行中可重复抽样得到 Bootstrap 样本数据 X^*，可重复指的是放回抽样，因而，任何观测值都有机会多次被抽中，也有可能一次都没被抽中。原始随机样本规模决定重复抽样样本量的大小。由 X^* 可计算相应的经验协方差矩阵 G^*。这里 $G^*_{jk} = \frac{1}{n}\sum_{i=1}^{n}(x^*_{ij} - \bar{x}^*_j)(x^*_{ik} - \bar{x}^*_k), j,k = 1,2,\cdots,t$，进而得到 G^* 的按降序排列的特征值 $\hat{\lambda}^*_1,\cdots,\hat{\lambda}^*_t$，进而得到 $\hat{\theta}^*(1) = \frac{\hat{\lambda}^*_1}{\sum_{i=1}^{t}\hat{\lambda}^*_i}$，重复以上过程 B 次，可得到 B 个 $\hat{\theta}^*(b), b = 1,2,\cdots,B.$，选择 Bootstrap 方法里的 BCa 方法[①]建立 $\hat{\theta}^*$ 的置信区间。针对风险投资网络社群特征数据，采用 SAS 编程计算出实际参数与 Bootstrap 抽样结果见表 3 –7。由表 3 –7 可以发现，每一时间窗内 500 次重复抽样所得 $\hat{\theta}$ 的均值与实际 $\hat{\theta}$ 均差异不大，这说明 $\hat{\theta}$ 渐进无偏；从每一时间窗下置信区间可看出，网络社群度测度模型对各时间窗数据拟合程度都是较高的，说明测度模型是稳定的，能够如实反映网络社群的程度。

表 3 –7　　实际参数与 bootstrap 抽样结果

	实际 $\hat{\theta}$	$\hat{\theta}^*$	95% 置信区间	68% 置信区间
2000 ~2004 年	0.635	0.656	0.691 ±0.243	0.684 ±0.156
2001 ~2005 年	0.593	0.599	0.689 ±0.252	0.634 ±0.176
2002 ~2006 年	0.518	0.506	0.570 ±0.293	0.610 ±0.185

① 关于 Bca 方法介绍，参见 Mooney 和 ChristopherZ（1994）所著《Bootstrapping：a nonparametric approach to statistical inference》

续表

	实际 $\hat{\theta}$	$\hat{\theta}^*$	95%置信区间	68%置信区间
2003~2007年	0.530	0.519	0.577 ±0.361	0.531 ±0.253
2004~2008年	0.664	0.609	0.648 ±0.222	0.622 ±0.138
2005~2009年	0.566	0.596	0.596 ±0.220	0.632 ±0.154
2006~2010年	0.677	0.664	0.664 ±0.294	0.717 ±0.191
2007~2011年	0.564	0.588	0.588 ±0.175	0.588 ±0.107
2008~2012年	0.623	0.598	0.676 ±0.220	0.690 ±0.141
2009~2013年	0.621	0.606	0.612 ±0.288	0.569 ±0.196
2010~2014年	0.563	0.605	0.644 ±0.275	0.670 ±0.182
2011~2015年	0.524	0.558	0.656 ±0.341	0.695 ±0.222
2012~2016年	0.588	0.575	0.677 ±0.301	0.636 ±0.184

注：$\hat{\theta}^*$ 是500次重复抽样计算的 $\hat{\theta}$ 均值；置信区间由重复抽样500次的Bca方法得到。

基于Bootstrap抽样分布，选择每一时间窗所构建的 $\hat{\theta}^*$ 的95%置信区间作为判断风险投资网络社群形成的阈值，将上文使用Girvan－Newman算法对每一时间窗风险投资网络探测出的网络社群，依据其所计算出的 $\hat{\theta}$ 值，参考选择每一时间窗所构建的 $\hat{\theta}^*$ 的95%置信区间一一进行检验，最终识别结果如表3－8所示。

表3－8 社群形成检验结果

	社群数	通过检验的社群数
2000~2004年	12	9
2001~2005年	19	18
2002~2006年	22	16
2003~2007年	28	19
2004~2008年	33	24
2005~2009年	43	41
2006~2010年	46	34
2007~2011年	52	42
2008~2012年	56	49
2009~2013年	61	44
2010~2014年	87	80
2011~2015年	98	73
2012~2016年	116	110

识别结果表明，由 G－N 算法识探测产生的社群，在经过风险投资网络社群度测度模型，从凝聚性和稳定性两方面特征测算了社群度以后，大部分社群还是通过了社群形成检验。这些被识别出的社群将作为本书的研究对象，为后续社群形成影响因素探索与形成机理研究的做前期的准备。

第四节

风险投资网络社群中的领导型社群与自组织型社群

本节在上文对我国风险投资网络社群的识别的基础上，将从网络的拓扑结构方面，对风险投资网络社群进行类型划分。刘传建（2014）[174]基于复杂网络拓扑结构，详细研究了社群的内部结构，并以不同社群其内部节点度数方差的差异为标准，在真实网络中划分出两类社群的组织形式：领导型社群与自组织型社群。领导型社群其内部有少数几个节点度数特别大，其余节点度数都相对小；而自组织型社群其内部节点度数相差都不大。观察我国风险投资网络社群，我们也发现社群间也存在类似的区别。例如图 3－7 中，社群内投资机构之间联系呈现均匀分布的态势，不存在明显的高中心度投资机构，各机构中心度方差相差不大，各投资机构以水平对等的联合关系来完成项目投资，因此它是自组织型社群。但在图 3－8 中，多个高中心度机构同时位于中心位置，相互之间形成对等水平连接关系，并与其他投资机构存在较大的度方差，其他投资机构相对而言则依附于这些中心度高的机构，这属于领导型社群。

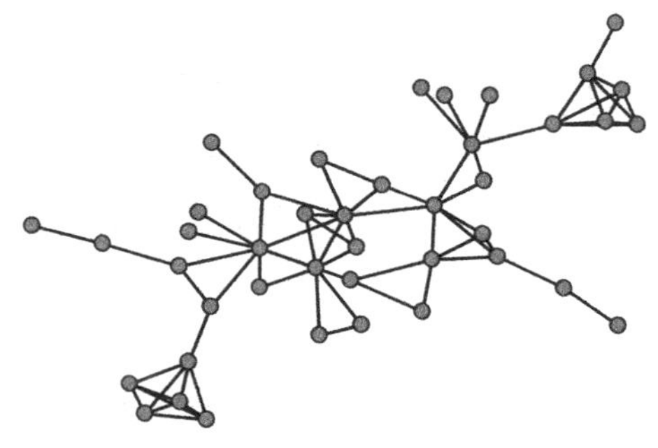

图 3－7　自组织型网络社群

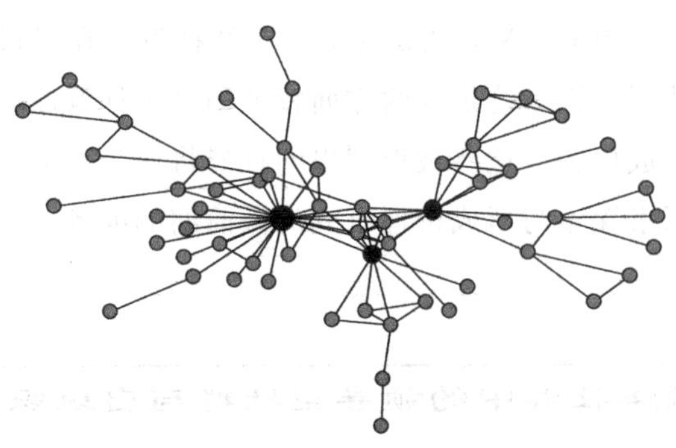

图 3-8　领导型网络社群

Fu 等（2017）[175]在对刘传建（2014）[174]社群类型划分的节点度数标准修正的基础上，提出了随机零模型的节点度数的方差参照下的社群节点度数方差标准，并以此区分领导型社群与自组织型社群。

令 A 为一个社群，N_A（1，2，…，$k \in N_A$）为社群 A 的节点集合，节点 i 的中心度记为 d_i。因此，社群内部节点度数的期望值为：

$$E(A) = \frac{\sum_{i=1}^{k} d_i}{k} \tag{3.10}$$

则社群 A 内部节点度数的方差为：

$$Var(A) = E(A^2) - E^2(A) \tag{3.11}$$

刘传建（2014）[174]认为，当 Var（A）>1，那么 A 属于领导型社群，否则属于自组织型社群。结合风险投资网络社群的特征，本书认为阈值取为“1”，并不适合作为划分风险投资网络社群的标准，且该值缺乏必要的理论依据。因而，本书借鉴 Fu 等（2017）[175]利用随机零模型节点度数方差作为参照的方法，使用度方差比 ρ 来划分风险投资网络社群的类型。

$$令\ \rho = \frac{Var_{real}}{Var_{rand}} \tag{3.12}$$

其中 Var_{real} 与 Var_{rand} 分别为风险投资实际社群的节点度数的方差和相应零随机模型社群节点度数方差的期望。当 ρ>1 则说明给定的实际社群节点度数方差大于随机模拟社群节点度数方差的期望，ρ 越大表明实际社群领导型社群越明显。而当 ρ<1 则说明实际社群节点度数分布比随机模拟社群更均匀，该

社群为自组织型社群。当 $\rho = 1$ 时，则不能判定其是领导型社群还是自组织型社群。

令实际社群具有 N 个节点，且其平均度数为 $<k>$，则采用 ER 随机网络作为本部分的随机零模型，以概率 $<k>/(N-1)$ 连接任意一对节点，生成一个具有 N 个节点，平均度数为 $<k>$ 的 ER 随机网络，计算度数方差 Var。反复模拟 500 次，生成 500 个节点为 N 的随机网络，则 $Var_{rand} = \frac{\sum_{i=1}^{500} Var_i}{500}$。

对上文已识别出的 13 个移动时间窗的 673 个风险投资网络社群以此标准进行划分，考虑到计算工作量过于巨大，使用 $<k>$ 来近似 Var_{rand}，具体的推导过程参见 Fu 等（2017）[175]，最终划分标准为：

$$\rho = \frac{Var_{real}}{<k>} \tag{3.13}$$

以 2012～2016 年时间窗为例，首先将网络社群按照规模大小进行降序排列，并将其再编号，见图 3－9、图 3－10、图 3－11。其次，计算每一社群内节点度数的方差，见图 3－10。最后，结合社群内平均度数值，计算每一社群的度方差比 ρ，并以此来划分领导型和自组织型社群，见图 3－11。

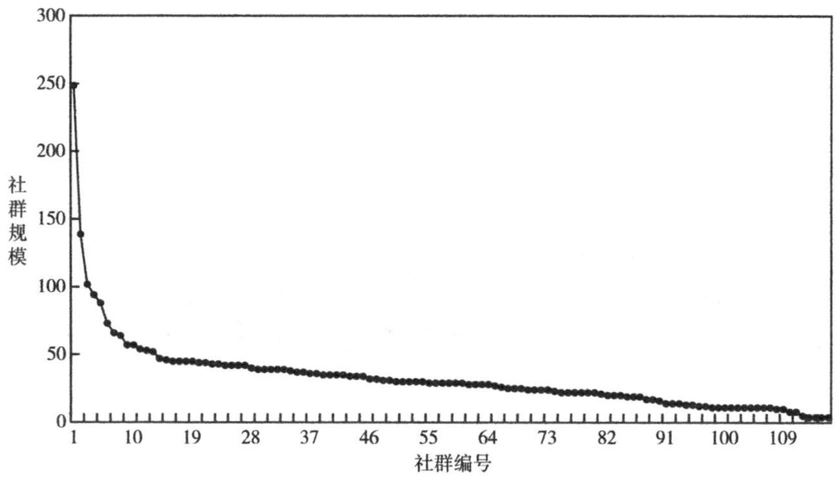

图 3－9　2012～2016 年时间窗社群规模分布

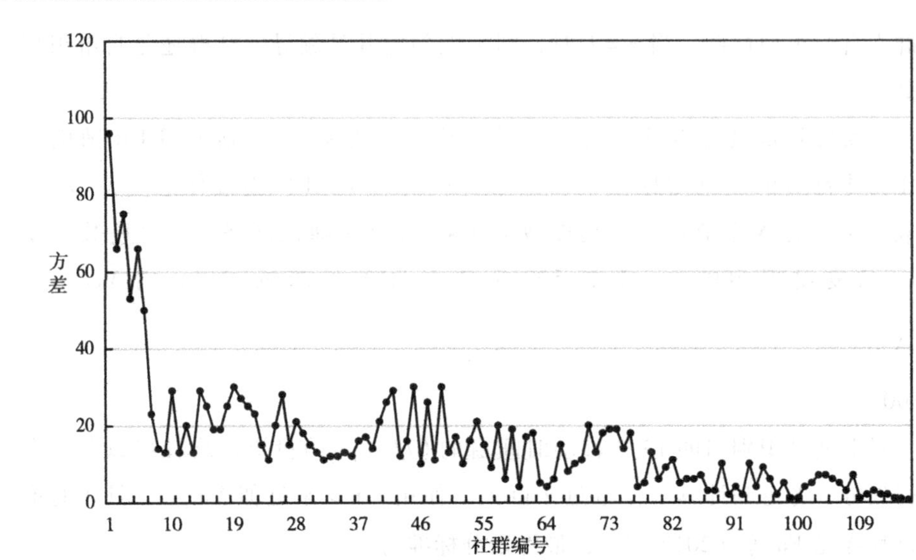

图 3-10　2012~2016 年时间窗每一社群内节点度数方差

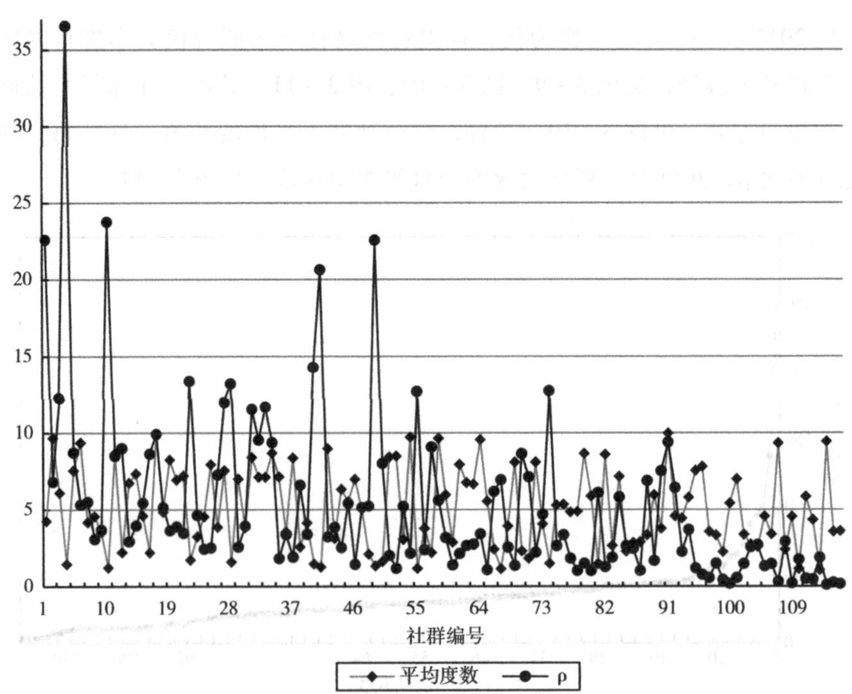

图 3-11　每一社群内节点平均度数与度方差比 ρ 分布（2012~2016 年）

从研究结果来看，2012～2016 年时间窗内，大部分社群都属于领导型社群，而小部分社群是自组织型社群，且自组织型社群集中分布在规模为 11 以下的社群中。

以此方式，本书将 13 个移动时间窗的所有社群都依据社群的度方差比 ρ，进行类型的划分，其结果见表 3－12 所示。

表 3－12　　风险投资网络中社群类型的划分

时间窗	网络节点数	社群数目	领导型社群	自组织型社群
2000～2004 年	173	12	6	6
2001～2005 年	207	19	12	7
2002～2006 年	284	22	13	9
2003～2007 年	403	28	22	6
2004～2008 年	508	33	28	5
2005～2009 年	598	43	39	4
2006～2010 年	735	46	44	2
2007～2011 年	825	52	47	5
2008～2012 年	863	56	50	6
2009～2013 年	983	61	55	6
2010～2014 年	1492	87	79	8
2011～2015 年	2602	98	88	10
2012～2016 年	3677	116	104	12

从表 3－12 中，我们可以发现随着时间的推移，风险投资规模越来越大，网络社群数量也越来越多，领导型社群总体上其占比越来越大，而自组织型社群的占比则越来越小。结合 2012～2016 年移动时间窗中，社群规模大的社群无一例外都是领导型社群的结论，我们可以得出一个初步的判断，自组织型网络社群往往出现在规模较小且发展处于初期阶段的网络社群。

第五节

风险投资网络典型社群分析

为了进一步直观理解风险投资网络社群，我们从 2012～2016 年时间窗所识别出来的网络社群中，挑选出一活跃程度相对较高的领导型社群，作一描述性分析（见图3－12）。

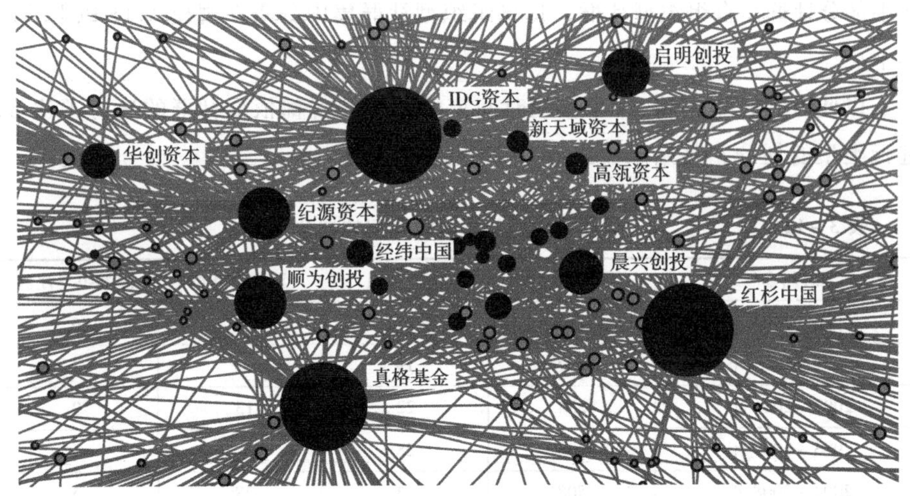

图3－12　2012～2016年网络社群结构中某典型社群

这是2012～2016年所探测出的网络社群结构中一个由26个机构组成的社群，其主要成员机构有IDG资本、红杉中国、真格基金、纪源资本、启明创投、顺为创投、晨兴创投等，见图3－7中相互连接的黑色节点，节点大小体现投资机构在社群中的位置。

依据CVsouce数据库所披露的投资时间数据，2012～2016年26个投资机构共发生了793轮次联合投资关系，其中联合投资关系中有社群内成员参与的有587轮次，这反映社群成员进行联合投资过程中，会倾向于优先从社群内成员中选择联合伙伴。以IDG资本为代表的风险投资机构的在社群内成员联合投资过程，在一定程度上说明了网络社群形成的基本过程。早在1992年，IDG资本就开始进入中国市场，是最早开拓中国市场的海外投资机构之一。IDG资本多元化投资战略明显，投资标的分布在电商、企业服务、金融、文化娱乐、游戏等多个领域，其中以电商和企业服务领域的投资案例最多，投资包括腾讯、百度、搜狐、搜房、宜信、小米、携程、金蝶软件、奇虎360等超过600家各行业的优秀企业，并已有150余家企业在美国、欧洲、香港、中国证券资本市场IPO，或通过M&A成功退出。据CVSource数据库数据显示，2012～2016年IDG资本所参与的联合投资事件一共126轮次，其联合伙伴选择带有明显的倾向性，在此期间与其进行过联合投资的机构共有342家，其中最爱合作的机构依次是：启明创投（21 次）、红杉中国（20 次）、华创资本（19 次）、晨兴创投（17 次）、真格基金（16 次）、经纬中国（8 次）、纪源资本（8 次）等，部分机构几乎每年都会和 IDG 资本一起参与联合投资，并同时参与多个轮次的联合。而占其合作伙伴机构 83% 的 285 家投资机构与 IDG 资本联合不到三次，大部分机构与 IDG 资本仅有一次或两次合作关系，社群的凝聚性特征非常明显。而在 CVsource 数据库中显示的 2017 年最新数据中，与 IDG 资本进行了联合投资，以其合作次数进行排名，合作次数最多的机构大体上还是原先所显示的偏好机构，经纬中国（5 次）、真格基金（5 次）、红杉中国（4 次）、启明创投（3 次）、晨兴资本（3 次）等，社群的稳定性特征也很显著。

单一网络社群的分析，能够提供直观认识，但还不够深入，只有在社群相互间的对比才能让我们对网络社群的认识更为深刻。因此，我们实证研究社群内部构成，比较群与群之间的差异。具体的实证策略如下：

首先，识别出所有社群在每一属性特征维度上的中心位置。其次，计算实际社群属性特征与中心位置的距离，并与随机模拟社群所计算的相应距离进行对比检验，看是否存在显著差异。若相对于随机模拟社群，实际社群属性特征与中心的距离显著更大表明社群间具有差异化趋势，而如果更接近中心位置，则表明社群之间不存在显著差异性。

具体的实证检验步骤如下：（1）对上文在每一时间窗所识别出来的每一社群，计算其群内所有成员在投资行业、阶段、项目位置以及机构位置等关键属性特征的均值，作为该社群的属性特征，同时计算每一社群属性特征的赫芬达尔指数。以投资阶段的赫芬达尔指数为例，若将发展阶段分为 4 种类型，社群 i 的赫芬达尔指数计算公式为：

$$HHI_i = \sum_{j=1}^{4} \left(\frac{x_{ij}}{x_i}\right)^2 \tag{3.14}$$

其中 x_{ij} 是指社群 i 中，所有社群成员投资于第 j 发展阶段的项目数量。x_i 是指社群 i 中所有成员投资项目总数。（2）基于所有社群的不同维度的属性特征的赫芬达尔指数，分别计算其均值，同时计算各属性特征的偏差值，并用时间窗的数量进行平均，以此作为社群不同维度属性特征差异程度的测度指标。以投资阶段为例，其均值与偏差值计算公式分别为：

$$HHIs = \frac{\sum_{t=1}^{m}\sum_{i=1}^{n} HHI_{it}}{mn} \tag{3.15}$$

$$网络社群间投资阶段偏差值 = \frac{\sum_{t=1}^{m}\left(\frac{\sum_{i=1}^{n}\sum_{j=1}^{4}\left(\frac{x_{ijt}}{x_{it}} - \frac{\sum_{i=1}^{n}\frac{x_{ijt}}{x_{it}}}{n}\right)^{2}}{n}\right)^{0.5}}{2m} \tag{3.16}$$

其中 n 指风险投资网络中社群的数量；m 指移动时间窗的数量。投资行业、项目地理分布的赫芬达尔指数计算也是同样步骤，由于篇幅限制不再赘述。(3) 为了给实际所识别出的网络社群的各项属性特征提供验证的标准，我们使用 Bootstrap 法对现实社群结构进行随机模拟，形成与实际社群具有同等规模和数量的随机模拟社群，进而获得随机模拟社群的各项属性特征的经验分布。

本研究对联合风险投资机构网络社群的 Bootstrap 模拟，运用统计软件 Stata 12 里的 Resampling 模块来实现。具体步骤如下：①对于每一移动时间窗，将以 G－N 算法识别得到的社群进行编号 i＝1，2，3，…，n 并计算出每一社群的规模 k（i）。②以样本规模 $s = \sum k(i)$，随机地从该时间窗有联合投资行为的所有风险投资机构抽取样本；③将样本中的 k（1）个风投机构指派为模拟社群 1，k（2）个风投机构指派为模拟社群 2，直至 k（n）个风投机构指派为社群 n；④对所有移动时间窗重复②－③过程，形成完整样本期间的社群结构分布并计算其各项属性特征变量的赫芬达尔指数；⑤对②－④步骤进行多次迭代，得到社群结构的各项属性特征变量赫芬达尔指数均值与标准差的 Bootstrap 分布。(4) 通过比较移动时间窗所识别出的实际社群与随机模拟社群的属性特征变量的赫芬达尔指数的均值与各属性特征的偏差值，来检验社群间的差异性。最终结果见表 3－13。

表 3－13　　跨社群资源相似性检验结果

	实际社群	Bootstrap 社群	P 值
赫芬达尔指数均值			
投资阶段	0.098	0.043	0.00***
投资行业	0.142	0.029	0.00***
项目地理分布	0.133	0.077	0.01***

续表

	实际社群	Bootstrap 社群	P 值
偏差值			
投资阶段	0.712	0.452	0.01***
投资行业	1.371	0.770	0.01***
项目地理分布	1.551	0.961	0.01***

注：(1) 在计算赫芬达尔指数时候，投资阶段按照早期、发展期、扩展期以及获利期划分；投资行业依据证监会行业分类标准划分为十三类；项目地理分布以及机构地理分布按照长三角、珠江三角、京津地区以及其他地区分类。(2) "*" "**" "***" 分别表示 10%、5% 和 1% 的显著水平。

如表 3-13 所示，风险投资机构实际社群网络社群与随机模拟社群的赫芬达尔指数均值在投资项目的发展阶段、行业和地理分布存在显著差异，这表明社群内部机构的各项属性特征都呈现明显的集中趋势，同质化倾向显著。这与 Bygrave (1987)[9] 和 Lerner (1994)[12] 认为，风险投资机构倾向于与其相同或相似行业、技术领域的其他机构进行联合的观点是一致的。同样，在投资项目的发展阶段、行业和地理分布等属性特征上，实际社群与随机社群的偏差值也存在显著差异，这表明群与群之间的属性特征有着显著不同；因而，社群之间存在不同的专业化方向，如图 3-13 所给出的一个社群间专业化差异图例所示。

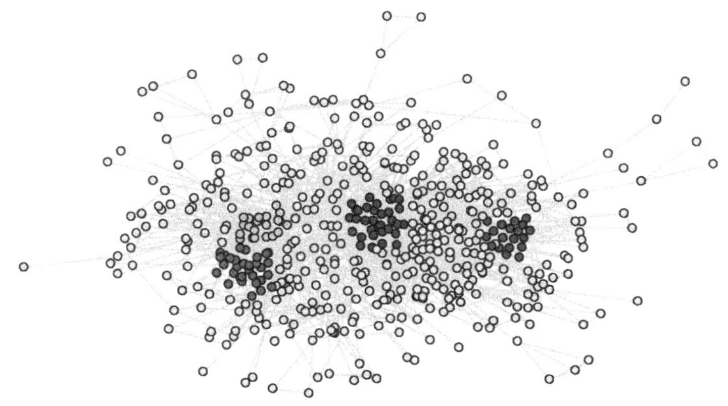

图 3-13 社群间差异图例

第六节 小结

本章首先采用层次聚类中的 Girvan - Newman 算法对我国风险投资网络社群进行探测；其次，研究风险投资网络社群的凝聚性与稳定性特征；再次，通过风险投资网络社群度测度模型的构建，采用非参数 Bootstrap 方法，对我国风险投资网络社群进行识别；最后，基于网络的拓扑结构，将风险投资网络社群划分为领导型社群与自组织型社群，并分析网络中的典型社群。本章的内容为随后展开的风险投资网络社群形成影响因素与机理研究提供铺垫与研究基础。

第四章

风险投资网络社群形成的影响因素研究

上一章风险投资网络社群现象、社群特征以及社群识别的研究，让我们对风险投资网络社群的外在表现与特征有了较为系统的认识。然而，哪些因素影响风险投资网络社群的形成？是如何影响社群形成的？接下来的研究将会围绕这两个问题展开。具体来说，本部分内容从两个方面展开：首先，基于文献综述部分对风险投资网络社群形成影响因素现有相关文献的总结与归纳，选择适当指标对这些因素进行测度；其次，运用因子分析法对形成影响因素指标数据降维精炼为四个代表并决定风险投资网络社群形成的主因素，为网络社群形成的理论模型的构建与实证检验作铺垫。

第一节 影响因素的归纳与测度

一、影响因素的归纳与测度指标选择

（一）风险投资机构层面

在风险投资研究领域，虽然已有众多的文献对风险投资机构层面的声誉进行了研究，在声誉的测度指标选择方面，不同文献还存在着明显的差异，在如何度量风险投资机构声誉还缺乏一致的认识。然而，近期的西方文献中，惯常从投资机构年龄（Gompers 等，2009；Meuleman 等，2009；Cumming 和 Dai，2010；Dimov 和 Milanov，2010；Tian，2012）[119,176-179]、累计投资轮次（Meuleman 等，2009；Cumming 和 Dai，2010；Dimov 和 Milanov，2010；Tian，2012；Chen 等，

2010)[119,177-180]、累计 IPO 和 M&A 数（Cumming 和 Dai，2010；Dimov 和 Milanov，2010)[119,178]三个方面来测度风险投资机构声誉。投资机构年龄是指机构从成立到投资事件发生时的总年数；累计投资轮次是指机构在投资事件发生年份之前的投资轮次的总数；累计 IPO 和 M&A 数是机构在投资事件发生年份之前 IPO 和 M&A 数的总数。我国风险投资业发轫于 20 世纪 80 年代中期，之后经历多次反复摸索，曲折发展，直到 2005 年才开始进入快速发展的轨道，大部分本土风险投资机构也是成立于其间，因而机构成立时间相对较短，相对于外资风险投资机构而言机构年龄有巨大差异，用机构年龄作为声誉的代理变量，偏离了我国风险投资业发展的实际；而累计投资轮次则常常用于投资经验的测度（Sørensen，2007)[181]。当前国外学者的研究文献中，累计 IPO 和 M&A 数相对而言作为声誉的测度应用要更为广泛（Dimov 和 Milanov，2010；Park 和 Steensma，2012；Gu 和 Lu，2014)[20,119,182]，因而本书采用累计 IPO 和 M&A 数指标对风险投资机构的声誉进行测度；采用累计投资轮次指标测度投资经验。

依据前文的分析，风险项目所在行业的不同，导致其风险和收益的显著差异。因而，风险投资机构在选择投资策略的时候会依据其行业特征的差异进行不同的选择。在计算机、电子、生物技术和通信行业的风险企业具有较高的成长性，受到了风险投资机构的青睐，但成长速度最快的行业必然隐含着各行业中最高的产生率和倒闭率，风险也很高，为规避风险，风险投资机构往往采取“抱团”投资的形式。本研究对风险项目所在行业的研究，主要是想考察风险投资机构所投风险项目处于高成长、高风险行业是否会影响网络社群的形成。由此，我们使用在风险投资机构累计投资风险企业中，处于计算机、电子、生物技术和通信行业的风险企业所占比例，来测度风险投资机构的行业偏好。

风险投资发展阶段偏好意为风险投资机构在做投资选择时，对风险项目所处发展阶段的偏好。依据风险投资的周期性，被投风险项目的发展阶段在我国一般被划分成种子期、创始期、成长期、扩张期和成熟期。如前面所表述，本研究对风险企业发展阶段的考察，主要是想研究被投风险项目集中处于发展的种子期或早期阶段，是否能够有效影响网络社群的形成。因而我们使用在风险投资机构累计投资风险企业中，处于种子期或早期发展阶段的风险企业所占比例测度风险企业发展阶段变量。在我们所使用的 CVSource 数据库和私募通数据库中，将风险企业的发展阶段划分成了四个阶段：初创期、成长期、扩张期和成熟期。由此，具体测度为，计算风险投资机构累计投资风险企业数中，处于初创期或成长期发展阶段的风险企业的比例。

针对资金资源，本书主要对资金获得性方面进行测度，主要使用两个指标：一是管理资金规模指标。管理资金规模是衡量风险投资机构规模的基本指标，也是体现机构所能支配的资金资源的重要表征。此外，风险投资机构由专业化的风险投资经营团队管理，资金规模大，可以开展多元化投资分散风险，提升风险基金的运作效率；反过来，管理资金规模大又能体现风险投资机构的专业水平和实力。管理资金规模主要是通过机构管理的风险项目投资资本数量大小来进行测度，鉴于资金额度一般都较大，再加上为了避免异方差，本书采用风险投资机构管理资金量的自然对数作为管理资金规模的代理变量。二是风险投资机构中最近成立的基金的年龄。成功的风险投资机构典型地每隔2～3年筹集一只新基金，如果有一个相当长的时间没有能够成立新基金则发出了遇到资金募集问题的信号（Kaplan 和 Schoar，2005）[183]，因而通过测度最近成立基金年龄能够反映投资机构的募集资金能力，本书采用风险投资机构中最近成立的基金的年龄的自然对数作为投资机构募资能力的代理变量。

在机构背景方面，依据资金来源背景，我国风险资本市场的风险投资机构主要归为三类：政府风险投资机构、国内企业（民间资本）风险投资机构、外资风险投资机构。政府风险投资机构是指政府或国有独资企业提供资本（其中，来自政府的资本是政府的直接投资）所设立的风险投资机构。国内企业（民间资本）风险投资机构包括国内股份有限公司、有限责任公司及其他类型国内企业提供资本所形成的风险投资机构。外资风险投资机构是指境外机构（包括我国港、澳、台地区）以及在境内设立的外商独资、合资与合作机构提供资本设立的风险投资机构。本书采用机构是否具有外资背景二值哑变量作为测度指标。

（二）二元关系层面

对投资机构间地理邻近性的度量，主要存在有两类测量：一类是空间距离的测量，主要采用地图测距工具完成，实践中常常使用电子地图中机构所在地邮政编码所标定位置间的平均距离来进行测度（Cumming 和 Dai，2010；Zhelyazkov 和 Gulati，2016）[178,184]。第二类是用风险投资机构是否位于同一行政区划来判断其地理邻近性（李志萍等，2014）[185]。为了更为全面地衡量机构间的地理邻近关系，本书两类测量指标都选用。

对于信任关系的测度，我们借鉴 Chua 等（2009）[186]的分析与做法，采用关系强度指标（Relationship duration）表征风险投资机构与其联合伙伴的连接频率。此外，信任关系在本书中是一很重要的变量，单纯用关系强度来衡量还显得不够全面，因而我们参考 Zhelyazkov 和 Gulati（2016）[184]的做法，采用社会重叠度指标进一步完善对信任关系的测度，社会重叠度指标主要衡量机构间共享连接的比例关系，其一般的计算公式如下：

$$\text{Social overlap}_{ij}=\frac{\text{Shared partner count}_{ij}}{\text{Degree centrality}_i+\text{Degree centrality}_j-\text{Shared partner count}_{ij}} \tag{4.1}$$

其中，Social overlap_{ij} 是指机构 i 与机构 j 之间的社会重叠度，Shared partner count_{ij} 是机构 i 与机构 j 共同有的合作伙伴；Degree centrality 是指机构的程度中心度。

对于互惠关系，本书采用资源接受度与资源交换深度两个指标进行测度。Bubna 等（2013）[35]针对美国风险资本市场，通过对风险投资机构间重复连接量的深入分析，识别出网络社群结构，并发现社群成员在接受信息与网络资源时，习惯性地信任与依赖熟悉的伙伴。据此，本书使用机构与其他机构的重复连接比测度资源的接受度。联合关系形成后，判断机构间互惠关系程度的一个重要方面是除了对一般性网络资源获取外，能否获取伙伴的隐性且深入的复杂知识、技能等资源。对于资源的获取效果的测度，现有的研究文献也常使用组织间历史合作数量指标（Gulati 等，1999）[73]。风险投资机构与伙伴共同参与项目投资轮次越多，相互间承诺水平、认同与情感依附更强，从而更有可能深度共享隐性资源。由此，本书对资源交换深度的测度选用机构与其他伙伴累计的联合投资轮次与总投资轮次的比值指标。

（三）网络属性层面

社会网络分析中结构主义视角产生了一个重要的概念：网络位置（Burt，2009；Granovetter，1990）[187,188]。结构主义视角强调网络中行为者经济人假设，网络位置收益最大化是行为者的目标，因而其重点关注行为者依据其网络位置所能够获得的收益（Burt，2009）[187]。Ahuja（2012）[118]认为，很大程度上机构网络位置如何决定了其能够获取的资源的质和量。社会网络分析中，惯常使用中心度指标来衡量中心位置。机构在网络中的中心度高低表征了它是处于核心地位还是边缘位置。在实际的社会网络分析中，常常使用的衡量网络中心性的指标有程度中心度、接近中心度和特征向量中心度。而接近中心度仅在完全连通网络中有效，这不符合风险投资网络节点非完全连接的特征。由此，本书采用程度中心度和特征向量中心度两指标。

我们将风险投资网络中的网络聚集界定是网络中机构间直接连接关系的总量比上理论上最大可能的连接关系的总量，所得的比值。很明显，更多的机构之间直接连接关系，直接对应着更强的网络聚集程度。聚集程度表征了网络内节点连接关系的多少与复杂性。特别的在复杂网络研究中，高的聚集程度表征的是在小世界情景下事物自组织能力以及自发地由无序走向有序的趋势（马骏，2005）[189]。当前，对网络聚类程度测度主要是通过计算聚类系数来完成。网络的聚类系数的定义来源于网络的聚类特性。而网络聚类特性指的是网络中的某一节点的邻居互为邻居的性质。

Watts 和 Strogatz（1998）[190]将网络聚类系数定义为：

设网络节点 i 与其他 k_i个节点相连接，有 k_i条边，那么节点 i 的邻居就是这 k_i个节点。因此，可计算 k_i个节点间最多有$\frac{k_i(k_i-1)}{2}$条连线。节点 i 的聚类系数 C_i就是 k_i个节点实际存在边数 E_i与总的最大可能的边数$\frac{k_i(k_i-1)}{2}$之比，即：

$$C_i = \frac{2E_i}{k_i(k_i-1)} \tag{4.2}$$

Newman 等（2001）[191]基于网络的几何特征给出了网络聚类的另一种定义，认为网络聚类系数是三倍网络三角形的总数在网络三元组总数中的比重，其具体计算公式如下：

$$C = \frac{3 \times N_\Delta}{N_3} \tag{4.3}$$

其中，N_Δ 表示网络中三角形的个数，N_3 是指网络中三元组的个数。三元组是指包含某给定节点的三个节点，其中给定节点与其他两个节点分别有边相连。从定义中可以看出，当 C = 0 时，网络中没有连接，指存在孤立的节点；当 C = 1 时，网络所有节点都是相互连接的，也即是任何两个节点都直接相连。

由于本书要检验每一社群成员网络聚集程度的变化对网络社群形成的影响，出于变量测度的考虑。本书选择 Watts 和 Strogatz（1998）[190]给出的定义及其计算公式来测度社群中每一成员的网络聚类系数。具体测度时，利用 Ucinet 软件中 Clustering Coefficient 指令计算出社群中每一成员的网络聚类系数，如表 4－1 所示。

表 4－1　变量与指标

变量	指标名称	符号	测度
声誉	累计 IPO 和 M&A 数	Reputation	风险投资机构投资事件发生当年的累计 IPO 和 M&A 数。
投资经验	累计投资轮次	Experience	风险投资机构投资事件发生当年累计投资轮次。
投资策略	行业偏好	Industry	风险投资机构累计投资风险企业中，处于计算机、电子、生物技术和通讯行业的风险企业所占比例。
	阶段偏好	Stage	风险投资机构累计投资风险企业数中，处于初创期或成长期发展阶段的风险企业的比例。
资金资源	管理资金规模	Fund	ln（风险投资机构投资事件发生当年管理基金总额）
	募资能力	Financing	ln（风险投资机构中最近成立的基金的年龄）
机构背景	外资背景	Background	风险投资机构是否具有外资背景二值哑变量
地理邻近性	地理距离	Geography	ln(1 + 近五年累计联合伙伴平均地理距离）
	行政区划	District	近五年累计联合伙伴处于同一行政区划的比例
信任关系	关系强度	Tiestrength	近五年风投机构与伙伴平均连接频率
	社会重叠度	Socialoverlap	近五年机构间共享连接的比例均值
互惠关系	资源接受度	Acceptability	风险投资机构近五年重复连接伙伴数占总伙伴数的比例。
	资源交换深度	Exchange	风险投资机构近五年参与其他伙伴联合投资的累计投资轮次占总投资轮次比例。
网络位置	程度中心度	Degree	风投机构与其他风投机构存在网络联结的数量
	特征向量中心度	Eigenvector	风险投资机构间网络联结依据其重要性的不同进行了加权处理计算的中心度。
网络聚集	网络的聚类系数	Cluster	风险投资网络中风险投资机构的直接联系与所有可能联系的比值。

二、数据来源

本部分样本研究数据取自投中集团的 CVSource 数据库和清科集团的私募通数据库。投中集团和清科集团是国内顶尖的大型数据信息服务商，提供了我国风险投资行业内几乎所有投资机构的投资数据，但在具体的统计指标设计上，两个数据库各有侧重与优势。两大数据库数据的结合使用更能够确保数据的完整，进而得到更大规模的样本数据。国内有部分学者认为两大数据库结合使用会因为统计口径等差异影响到数据的信度，但在实际的数据收集与处理中，对两大数据库进行对照分析，两者在主要指标上统计口径几乎没有差异，差异在于不同指标数据完善程度的不同与个别统计项详略的差异，结合使用不会影响到数据的可靠性，反而能够进一步完善数据，扩大样本规模。实际上，现有涉及风险投资的实证研究很多都是采集自多个数据库数据，国内外学者对中国风险投资的研究也大多是结合使用多个数据库数据（Wang 等，2011）[192]。例如，Gu 等（2014）[20]就合并使用国内投中集团 CVSource 数据库、清科集团私募通数据库以及美国的汤姆森 VentureXpert 数据库 1999～2011年的数据来对中国风险资本市场的风险投资机构声誉与联合可能性之间关系进行研究。

本部分使用中国境内 2000 年 1 月 1 日～2016 年 12 月 31 日之间的联合投资轮次融资事件数据作为研究样本。为了与识别网络社群的五年移动时间窗相对应，影响因素变量指标实际期间包括 2004 年 1 月 1 日～2016 年 12 月 31 日。地理距离、行政区划、关系强度、社会重叠度、资源接受度、资源交换深度、程度中心度、特征向量中心度和网络聚集系数使用前五年数据计算，举例而言，如 2004 年的程度中心度指标就是根据 2000 年 1 月 1 日～2004 年 12 月 31 日的风险投资机构与其他投资机构存在网络联结的数量计算的结果，2005 年的指标是根据 2001 年 1 月 1 日～2005 年 12 月 31 日的数据计算的结果，以此类推。其他的影响因素指标依据当年的实际数据计算得到。

通过 CVSource 数据库以及私募通数据库总共获取到 2000 年 1 月 1 日～2016 年 12 月 31 日期间联合投资轮次的所有 8997 轮次的融资事件数据，涉及

3812家投资机构和6790家风险企业。对融资事件与机构资料数据通过两个数据库进行再次核查比对，对可疑数据和缺失数据，通过Wind数据库、东方财务数据库以及金融家数据库获取相应数据进行补充与查证；此外针对风险投资机构特征部分关键缺失与可疑数据通过其官方网页获取与查证。对错误数据进行删除，补充处理部分缺失数据后，数据整理最终得到数据相对完整的5679轮次融资事件，涉及2765家投资机构和3078家风险企业。文中使用关系矩阵来对联合投资数据进行整理（Hochberg等，2007）[29]。对风险投资机构与风险项目之间由投融资关系所形成的2－模网络数据，为了适应本书的研究需要，应用Ucinet软件内嵌的Affiliations（2－mode to 1－mode）工具将2－模网络数据转化为风险投资机构的1－模网络关系矩阵。矩阵的行和列表征了联合机构，行和列所标定的值即是联合的数量。例如A_{ij}就是指机构i和机构j联合的次数。通过该关系矩阵来代表风险投资网络，作为本书的研究对象。

三、样本描述

数据分析通常是从了解数据的基本特征开始的，一般首先要对数据进行描述性统计分析（Descriptive Analysis），以发现其内在的规律。样本描述性统计分析是整个数据分析过程的基础。样本的描述性统计分析主要描述研究中样本各测度指标的均值、标准差和相关系数。表4－2给出了时间窗为5年时，本书所使用的数据和变量的描述性统计结果，表4－3给出5年时间窗下的Pearson相关系数矩阵。值得说明的是，相关系数矩阵的主要功能在于考察研究当中涉及的任意两个变量是否“过于相同”，当两个变量间系数大于0.9时，一般认为这两个变量过于形似而应合并为一个变量使用。由于相关系数往往反映两变量间多途径的综合作用，因此相关系数的正负和显著性只能作为最后分析结果的一个参考，而没有过多的强制意义。表4－3相关系数矩阵显示，指标之间的相关系数均小于0.9，说明各指标之间的区分度比较好，可以进行下一步的分析。

表 4-2　　描述性统计

指标	极大值	极小值	均值	标准差
Reputation	9	0	0. 81	0. 139
Experience	126. 000	1. 000	10. 989	12. 300
Industry	0. 915	0. 129	0. 506	0. 176
Stage	0. 812	0. 263	0. 519	0. 163
Fund	11. 429	0. 291	4. 654	3. 253
Financing	7. 99	1. 249	2. 835	0. 761
Background	1	0	0. 411	0. 492
Geography	9. 328	1. 330	5. 405	2. 678
District	0. 899	0. 074	0. 39	0. 45
Tiestrength	6. 321	0. 064	2. 678	3. 561
Socialoverlap	0. 231	0. 001	0. 077	0. 082
Acceptability	0. 791	0. 035	0. 430	0. 342
Exchange	0. 86	0. 042	0. 548	0. 387
Degree	54	1	4. 759	6. 754
Eigenvector	0. 315	0	0. 014	0. 030
Cluster	2. 332	0. 115	0. 840	0. 539

第二节

风险投资网络社群形成影响因素的因子分析

从本章内容的目的而言，我们试图寻找到影响风险投资网络社群形成的影响因素，并用其来解释网络社群的形成。一般而言，数量越多的影响因素，越能够解释网络社群形成现象。然而，因素的增多也会带来问题缺乏聚焦，难以抓住要领和多重共线性等问题。而因子分析法则能够将多个基础指标的主要信息保留在较少的综合指标中，通过综合指标就能够分析各基础指标的信息，而综合指标间又是相互独立的，不存在多重共线性问题。这些综合指标称为因子，形成综合指标的方法也就是因子分析法。因子分析法能够通过形成因子变量的方式，有效降低分析中的繁杂程度，将一些由于指标过多，工作量过大，难以分析的问题变得可以研究。因子变量汇集了原有多指标的绝大部分信息，不会遗失重要信息，且由于相互独立，不存在相关性，对其的分析能够提供诸多的研究便利。据此，本书选用因子分析法来对影响因素降维处理。

表 4－3 **Pearson 相关矩阵**

	1	2	3	4	5	6	7	8	9	10	11	12	13	14	15	16
Reputation	1															
Experience	0.590 **	1														
Industry	0.160 **	-0.0250	1													
Stage	0.127 **	0.00700	0.914 **	1												
Fund	0.097 **	-0.061 *	0.169 **	0.140 **	1											
Financing	0.0560	-0.121 **	0.087 **	0.0210	0.215 **	1										
Background	-0.0550	0.0190	-0.066 *	-0.00600	-0.126 **	-0.788 **	1									
Geography	0.093 **	0.157 **	-0.099 **	-0.0300	-0.107 **	-0.313 **	0.166 **	1								
District	0.067 *	0.0590	0.0480	0.0420	0.185 **	0.079 **	-0.076 **	0.0340	1							
Tiestrength	-0.099 **	-0.263 **	-0.062 *	-0.099 **	-0.0340	0.131 **	0.0170	-0.195 **	-0.201 **	1						
Socialoverlap	0.0240	0.412 **	-0.151 **	-0.101 **	-0.0410	-0.141 **	-0.0150	0.217 **	0.083 **	-0.595 **	1					
Acceptability	0.121 **	0.116 **	-0.0160	-0.0120	-0.0290	-0.0350	-0.0550	0.125 **	0.132 **	-0.140 **	0.202 **	1				
Exchange	0.028	0.122 *	-0.039	-0.007	-0.109	-0.116 *	0.014	0.074 **	-0.054	0.184 **	0.149 **	-0.101	1			
Degree	0.038	0.091	0.411 **	-0.439 **	0.114 *	0.128 *	0.801 **	-0.040	0.182 **	0.123 **	-0.079	0.130 *	0.027	1		
Eigenvector	0.307 **	0.238 **	0.074	0.071	0.118 *	-0.039	-0.019	-0.013	0.167 **	0.381 *	0.123 *	0.528 **	0.171 *	0.192 *	1	
Cluster	0.201 **	0.013	0.003	0.005	-0.002	0.283 **	-0.0018	0.026	-0.034	0.402 **	-0.015	0.101 *	0.095	0.007	0.626 **	1

注：** 表示在 1% 水平内显著，** 表示在 5% 水平内显著，* 表示在 10% 水平内显著。

一、数据分析方法

因子分析法包括探索性因子分析法（EFA）和验证性因子分析法（CFA）。探索性因子分析无须事先知道观测变量与因子之间的关系，影响观测变量的公因子以及公因子与观测变量间的相关关系完全依赖于数据资料的分析，其典型方法是主成分分析法。验证性因子分析是在对因子与观测变量间关系预先知道的情景下，来对特定的因子模型进行实际数据的拟合，从而判断因子模型是否成立。

正是由于探索性因子分析适用于探索未知的构思结构。而本书对于风险投资网络社群形成的影响因素分析，也属于未知的构思结构，因而比较适合采用探索性因子分析法对其进行分析。即以主成分因素抽取法抽取公共因子，精炼因子类别，以期用最少的类别来对最大总变异量进行解释。

二、公共因子提取

在进行探索性因子分析之前，首先根据 KMO（Kaiser Meyer Olin）抽样适当性检验和 Bartlett 球形检验（Bartlett test of sphericity）的结果来判断收集到的数据是否适合做因子分析，这两种检验是测度因子分析模型有效性的常用指标。

KMO 统计量用来判断是否适合采用因子分析的指标，通过比较变量间偏相关系数和简单相关系数来加以测度，其取值在 0 ~ 1 之间，统计量与 1 越是接近，就表明变量间简单相关系数平方和越是大于偏相关系数平方和，也就是说变量间具有越强的相关性，越适宜于做因子分析；反过来，若 KMO 统计量越接近 0，则表示变量不适宜进行因子分析。现实操作时一般遵循 Kaiser 的标准：KMO 值 ≥0.9 表示非常适合，0.9 > KMO 值≥0.8 表示适合，0.8 > KMO 值≥0.7 表示一般，0.7 > KMO 值≥0.6 表示不太适合，KMO 值 <0.5 则表示极不适合。

Bartlet 球形检验是对相关系数矩阵是否是单位矩阵进行检验。Bartlet 球形检验依据相关系数矩阵的行列式计算可得其近似服从卡方分布，若统计量的卡方值大并且其对应的 Sig 值相较于给定显著性水平更小时，则表明相关系数矩阵为单位矩阵可能性不大，变量间存在相关关系，较适合采用因子分析法。

对五年移动时间窗样本数据分别进行 KMO 抽样适当性检验和 Bartlett 球形检验，结果计算出 KMO 统计量为 0.830，表征共同因素是明显存在的，样本适合采用因子分析法；而 Bartlett 球形检验所得出的近似卡方值也达到 2561.533，且通过显著性检验，表明变量间有相关关系存在，适合进行因子分析。详见表 4 -4。

表 4 -4　　KMO 值和 Bartlett 球形检验结果

KMO 值	0.830	
巴特利特球度检验	近似	2561.533
	自由度	120
	显著性	.000

采用主成分分析法对影响因素数据抽取公因子，公因子选取的标准是特征值大于 1.0，这是参考 Kaiser 的做法，也是学术界惯常的处理，其中，特征值是通过计算因子载荷平方和来得到，表示的是公因子所能够解释的方差量。其结果如表 4 -5 所示，共抽取 4 个公因子，其累计贡献率已经达到 74.851%，4 个公因子分别的贡献率依次为：47.377%、18.110%、6.913%、2.451%。这表明了所抽取的公因子具有良好的解释力，已经可以说明变量的大部分的变异。由此，可以得出结论认为这 4 个公因子是影响网络社群形成的关键因素。

表 4 -5　　累计变异量表（五年时间窗）

因子	初始特征根			正交旋转后		
	特征值	方差贡献（%）	累计贡献（%）	特征值	方差贡献（%）	累计贡献（%）
1	6.177	47.377	47.377	4.826	39.298	39.298
2	2.701	18.11	65.487	2.563	25.45	64.748
3	1.677	6.913	72.4	1.666	7.875	72.623
4	1.122	2.451	74.851	1.109	2.228	74.851

三、公共因子命名与分析

采用极大方差法来对因子载荷矩阵正交旋转处理，以使得载荷矩阵中每一列的载荷值都尽可能地增大距离，向 0 或 1 两极转化。极大方差正交旋转处理后的因子载荷矩阵详见表 4 -6。

表 4 -6　　极大方差正交旋转后因子负荷矩阵表

	因子			
	1	2	3	4
Reputation	0. 911	-0. 431	-0. 179	-0. 042
Experience	0. 897	0. 145	-0. 346	-0. 419
Fund	0. 672	-0. 217	0. 246	0. 276
Background	0. 897	-0. 237	-0. 475	0. 093
Acceptability	0. 913	-0. 062	-0. 182	-0. 028
Tiestrength	0. 073	0. 802	-0. 335	0. 175
Socialoverlap	-0. 224	0. 804	0. 233	-0. 393
Exchange	0. 193	0. 608	-0. 252	-0. 019
Degree	-0. 416	-0. 152	0. 901	-0. 308
Eigenvector	0. 078	0. 079	0. 505	0. 177
Cluster	0. 053	0. 428	0. 848	0. 224
Industry	0. 494	-0. 27	0. 508	0. 199
Geography	0. 43	-0. 067	0. 251	0. 897
District	0. 398	0. 404	-0. 181	0. 758
Stage	-0. 317	0. 148	0. 024	-0. 477
Financing	-0. 271	-0. 256	-0. 276	0. 373

为了便于研究各主因子对风险投资网络社群形成的影响，根据正交旋转后因子负荷矩阵表中各主因子的负荷情况，以负荷值绝对值大于 0. 5 为标准，我们发现在第一因子上，累计 IPO 和 M&A 数（Reputation），累计投资轮次（Experience），管理资金规模（Fund），外资背景（Background）和资源接受度（Acceptability），有较大载荷；在第二因子上，关系强度（Tiestrength）、社会重叠度（Socialoverlap）、资源交换深度（Exchange），有较大载荷；在第三因子上，程度中心度（Degree）、特征向量中心度（Eigenvector）、网络的聚类系数（Cluster）、行业偏好指标（Industry），有较大载荷；在第四因子上，地理距离（Geography）与行政区划（District），有较大载荷。对得到的 4 个主因子做出解释并命名如下：

主因子 1：包含累计 IPO 和 M&A 数，累计投资轮次，管理资金规模，外资背景和资源接受度指标，这些指标都是从机构层面和二元关系层面测度机构资源禀赋，机构间资源依赖与风险分担，因而将其命名为互补需求因子

(Complementary Demand，简称 CD)。

主因子 2：包含关系强度、社会重叠度、资源交换深度指标，这些指标都是从二元关系层面，衡量机构间的信任关系与亲密程度，因而将其命名为认同感知因子（Identity Perception，简称 IP)。

主因子 3：包含程度中心度、特征向量中心度、网络的聚类系数、行业偏好指标，这些指标都是从网络层面来对机构的网络属性特征进行测度，反映机构搜寻联合伙伴与建立网络连接的能力，故将其命名为连接整合因子（Connection Integration，简称 CI)。

主因子 4：包括地理距离与行政区划指标，这是二元关系层面测度风险投资机构与投资伙伴地理邻近性的指标，故将其命名为地理邻近因子（Geographical Proximity，简称 GP)。

第三节 小结

本章基于文献综述部分从风险投资机构、二元关系、网络属性等三个层面对风险投资社群形成影响因素的归纳，针对每一类影响因素选择适当指标进行测度；结合从公开数据库摘取并整理的我国风险投资网络实证数据，运用因子分析法对形成影响因素指标数据降维精炼为四个代表并决定风险投资网络社群形成的主因素，为网络社群形成的理论模型的构建与实证检验做好了铺垫工作。

第五章

形成机理与概念模型

上一章选取测度指标，采用因子分析方法，探索并验证了影响风险投资网络社群形成的主要因素，最终得到四个网络社群形成的主要影响因素：互补需求、连接整合、认同感知和地理邻近。本章内容是本书的核心部分，在回顾相关文献的基础上，对相关概念进行界定，通过相关理论推演，阐明影响因素与网络社群形成之间的关系以及作用路径，进而构建风险投资网络社群形成的概念模型，提出相关研究假设。

第一节 相关概念的界定

一、互补需求因素

基于联合风险投资的风险投资网络社群的形成，其中一个重要的因素在于风险投资机构间的相互吸引，相互依赖。风险投资机构间的互补需求源于单个风险投资机构的资源限制、分散风险、信息共享与投资机会获取的需要。

首先，传统的金融理论已经表明通过建立多样化的投资组合能够在不减少预期收益的情况下降低投资风险。但相对于专注于股票投资的机构投资者，风险投资机构或基金由于相对规模较小的资本限制，完全的多样化投资是更加困难的（Sahlman，1990；Wright 和 Robbie，1998）[28,193]。如果风险投资机构相对于目标项目规模过于小，那么通过与熟悉的伙伴联合投资是能够投资于该项目的唯一途径。

其次，通过与熟悉伙伴的联合投资也给了风险投资机构投资于大量风险项目的机会，借以通过多样化的投资降低风险投资机构或基金的整体风险水平。Cumming（2006）[89]对加拿大风险资本市场的经验研究已经表明当风险投资机构间联合频率较高，机构投资的风险项目也越多。除了资本资源规模的限制之外，资本流动性的限制也是风险投资机构互补需求产生的因素，这也提升了机构间联合投资的可能性。风险投资的最低投资期限要求使股权在短期到中期不能够流动。因而，与股票市场的股份不同，风险投资机构所持有股权不能够不断地交易。由于投资前的信息不对称，投资真实的风险仅在投资后才能完全的揭示。如果与投资相关联的风险最后被证实比预期的风险更高，那么由于风险资本市场的非流动性的特点，会使得风险投资机构难于通过退出投资来调整投资组合。因而，熟悉圈子里伙伴的联合提供了一个共享投资风险的平台，通过它能够有助于降低投资组合的整体风险。Brander 等（2002）[15]的研究表明熟悉伙伴间联合投资下的投资绩效的波动比独立投资下的要更大，这表明熟悉伙伴间的联合投资更够承受更大的投资风险。

互补需求因素还包括联合伙伴机构之间共享信息资源和获取项目投资机会的要求。Hochberg 等（2007）[29]对美国资本市场的研究，发现联合投资行为是存在机构间信息和资源共享的功能，未来项目流信息的获取很大程度上依赖于机构间良好的联合关系。若地理距离与行业距离不断地增加，风险投资机构投资一个新风险项目的可能性会急剧下降（Sorenson 和 Stuart，2001）[87]。个体和机构间在相同地理区域与相关行业领域互动的机会与信息的交流会更加的频繁。这表明风险投资机构在超出了它自身熟悉的投资范围，不大可能识别出自己有兴趣的投资机会。联合投资是风险投资机构扩展地理与行业投资范围的一个强有力的方式。Sorenson 和 Stuart（2001）[87]的研究认为，若在联合投资中机构选择的是先前熟悉的伙伴，并且如果这个伙伴还在地理上临近被投风险项目，那么投资于地理距离或行业距离远的项目的可能性会增加。通过频繁的联合投资能够形成紧密的机构间群集。这个群集的形成可能看成是信息共享库的形成，很大程度上便利了信息的跨地理空间和行业边界的传播。通过这种方式，相对于以往，风险投资机构扩展了在不同领域内的投资机会。Guler 和 Guillén（2010）[31]指出，由于联合投资的信息不断地传播与扩散，本国中处于网络有利位置的投资机构会被国外市场主体作为高质量的合作伙伴来对待。

良好投资机会的获取是风险投资机构持续生存发展的需要，但是优质的风险项目常常是风险资本市场最为稀缺的资源。能够获得这种稀缺资源，最关键还是在于是否能够获得稳定的项目流。项目流失风险资本市场的一种重要的无形资源。只有拥有众多项目流的基础上，才能够通过识别获取满意的风险项目，对风险投资机构而言是非常重要的。与熟悉的伙伴形成联合投资关系能够促使风险投资机构之间存在未来项目流的交换。Zheng 等（2004）[64]的研究发现，邀请其他投资伙伴参与自身获取的项目资源，形成联合投资，其目的在于希望在未来能够共享彼此的项目流资源。Hopp（2010）[194]对德国风险资本市场的研究也发现除了投资经验、技能与知识资源的相互依赖需要与紧密的联合关系相关联外，投资机会信息的深度交流也促进了亲密关系的建立。

综合上述研究文献的观点，结合本书的研究目的，互补需求因素就是风险投资机构间由于资源限制、分散风险、信息共享与投资机会获取的需要，而形成的资源的相互依赖与相互交流的需求。

二、连接整合因素

基于资源基础理论，风险投资机构要突破自身资源禀赋的限制投资于更为优质且数量更多的风险项目，获取有效且丰富的网络资源，不仅要依赖内在的资源状况，更为重要的是在对网络伙伴资源相对准确识别的基础上，与多样且广泛的潜在伙伴建立稳定的连接关系。（Gulati 等，2011）[195]。连接整合因素是风险投资机构在对现有或潜在的联合伙伴进行识别的基础上，搜寻匹配其自身资源的外在网络资源，并与之形成网络连接关系，进而将不同的联合伙伴间的网络资源进行整合，产生资源协同效应。

连接整合因素作用的发挥，一方面能够大大扩展机构接触网络资源与信息的范围，另一方面还能够促使机构以联合投资的形式迅速与具有适宜资源的机构建立网络连接关系，及时的资源获取无疑能够在激烈的市场竞争中把握先机。风险投资机构整合利用网络资源，通过伙伴间的分工协作，为风险企业提供管理参考、技术支持、市场声誉等增值服务，促进风险企业成长。Clercq 等（2008）[76]的研究指出，建立网络连接关系能够有效弥补机构自身知识资源的缺陷，通过连接关系渐次地将外部知识转换为自身内部知识，进而优化自身的知识禀赋结构，最终促进投资绩效的改善。Hopp（2011）[79]基于德国风险市场的实证研究也表明机构间连接关系的建立对知识的获取与整合有着正向的促进作用。Verwaal 等（2010）[196]从资源观和交易成本理论的视角，构建了一个具有规模差异并具有不同资源获取能力的风险投资机构影响联合投资治理的理论框架，基于欧洲资本市场数据的实证研究结果表明无论规模如何，稳定的网络连接关系所带来的金融、管理以及项目流资源的整合，是风险投资机构获得发展的关键因素。Ferrary（2010）[197]则从风险项目的视角，认为投资机构间的网络连接关系中，隐含有一定程度的劳动分工，通过分工合作使得资源相互交流与依赖，共同来支持风险项目的成长，相对于独立投资来说，项目成功的概率更大。

综上，连接整合因素包含三层含义：（1）联合伙伴搜寻，是指风险投资机构基于对风险资本市场环境变化的了解，对潜在联合伙伴的网络资源进行识别判断；（2）建立网络连接，是在联合伙伴搜寻的基础上，积极联系，引导潜在的联合伙伴成为自己现实的合作伙伴；（3）整合伙伴资源，是机构在搜寻和识别网络资源，并形成了联合关系的基础上，基于自身资源禀赋与伙伴资源的相互依赖关系，整合与自身资源匹配的不同伙伴间的网络资源，产生协同效应的过程。

三、认同感知因素

认同感知因素是在社会认同概念内涵的基础上，投资机构对风险投资网络社群的感知与认同。Culnan（2005）[160]的研究得出结论认为，高认同度群体往往是由一群拥有共同兴趣或相同身份的个体通过长期的交流互动逐渐形成的，个体彼此间通过长期的互动交流逐步培育出彼此间的信任关系，从而导致群内成员眼里群内信息具有超越群外个体所提供的信息更高的信任度。Algesheimer等（2005）[161]从社会认同理论的视角，来对品牌社群中的社群认同问题进行了研究，他们认为认知和情感要素是群体认同的重要内容。Honeycutt（2005）[162]的研究认为，基于身份认同而形成的群体，在群体间相互对比的情境下，不同群成员间对相互差异的强烈感知将会被激发，从而进一步加强个体对自己所属群的认同度，群体凝聚力也相应得到提升。

由此，认同感知因素是风险投资机构基于资源的相互需求与偏好，通过相对亲近的联合关系，而形成的对风险投资机构间社群关系的认同与感知。其内容主要表现在两个方面，一是机构间的相互认同与信任的关系。Granovetter（1985）[19]认为，信任是镶嵌于社会关系的特质，社会网络关系的本质在于伙伴间的信任与协作。李维安和周建（2005）[156]认为，网络组织成员的收益，很大程度上来自于网络组织成员间的相互信任这种制度安排。二是机构间的互惠关系。通过机构间相互邀请参与新的风险项目的互惠关系，是最能使机构直接感知到相互的认同与信任关系。Flynn（2005）[114]指出，互惠包含直接互惠和间接互惠，同时他认为成员之间的情感连接是通过互惠支持实现的。Molm（2010）[37]将互惠关系描述为网络形成不可缺少的要素，认为网络必须包括直接的或间接的互惠关系，因为互惠的交换使得行为人通过发展信任和情感的纽带来提高交换关系的效率，从而促成集体主义行为的出现。

四、地理邻近因素

地理邻近主要是指风险投资机构总部或办公室处于相同或相似地理空间的状态，其外在表现是风险投资机构与投资伙伴地理上的距离大小。本书的地理邻近因素与针对投资行为的风险投资本地偏好的概念不同，本地偏好主要指风险投资机构在进行投资选择的时候，倾向于选择本地风险投资项目，而形成的被投风险项目的空间集聚（Cumming 等，2010）[178]。此外，该概念与风险投资的集中偏好也有区别，风险投资集中偏好指的是为了在与其他风险投资机构或金融机构的竞争中胜出而集中投资于特定的产业或地区的偏好（Christensen 等，2007）[198]。

本书的地理邻近因素，并不强调依赖风险投资机构的投资选择而从风险投资项目的集聚衍生的风险投资地理集聚，而是侧重于描述现实的风险投资机构与其联合伙伴间的空间距离。依据现有研究，众多学者都发现风险投资机构具有地理聚集的一般需要，而且大多集中在特定的区域，如少数产业集聚区（Bender 等，2011）[199]、金融资本资源集中区或高新技术产业集中区（Lutz 等，2013）[200]。在美国有一半以上的风险投资机构集中在加州、马萨诸塞州和纽约三个地区（Gompers 等，2010）[201]；英国的风险投资机构主要集聚于大伦敦及东南地区（Mason 等，2002）[202]；德国的风险投资机构主要集中在慕尼黑、法兰克福、柏林、汉堡和杜塞尔多夫等五个金融聚集区（Bender，2011）[199]。在我国风险投资机构也呈现地理聚集的特征，表现出明显的区域差异性（成思危，2011）[203]。据《中国创业风险投资发展报告 2015》[204]的数据显示，2014 年我国创业风险投资机构所投资项目的地区分布前五名分别是：

江苏、北京、浙江、广东和上海，累计占比68.6%。长三角一带仍是我国风险投资机构最为集中与数量最多的地区，同时是国内风险投资发展较好的地区。Sorensen和Stuart（2001）[87]在对德国和英国风险资本市场的投资事件数据的研究中发现，发达的金融市场环境为风险投资的成功退出创造了良好的市场环境，这导致大量风险投资机构聚集于此，在空间上投资机构呈现出显著的聚集偏好。

与此同时，空间邻近效应也存在于投资项目中，项目地理上的邻近更有助于筛选、评估和监控项目。尽管风险投资机构选址有区域聚集的倾向，但联合投资伙伴选择并不会局限于本地的潜在联合风险投资伙伴。尤其是当所投项目距离机构相对遥远的情况下，风险投资机构往往会出于方便监督所投风险项目的目的，而选择与项目所在地或接近所在地的风险投资机构进行联合（Sorensen和Stuart，2001）[87]。

第二节 概念模型的构建与研究假设的提出

一、概念模型的构建

（一）概念模型构建的理论基础

（1）资源依赖理论

该理论可以说是战略管理和组织管理领域最重要的理论之一，它萌芽于20世纪40年代，Pfeffer和Salancik（1978）[205]出版的*The external control of organizations*：*A resource dependence perspective*一书，标志着资源依赖理论的成熟与形成。在此之后，资源依赖理论被多个学科广泛应用，包括管理学的组织关系研究、政治学的政治行为研究等。

资源依赖理论中的资源既包括有形的诸如固定资产、实物资源等资源，也包括无形的专利、声誉等资源。资源依赖理论的主要观点认为作为一个开放系统的组织，占有能够满足其生存发展所需的所有资源是完全不现实的，大量的涉及组织存续的关键资源都处于组织之外的环境中，由此组织根本就难以以自给自足的方式来获取组织的生存与发展。Pfeffer 和 Salancik (1978)[205]在资源依赖理论研究的基础上，总结出四个基本假设，一是生存才是组织所最为关注的；二是组织为了存续需要资源，但是这些资源常常又不是由组织自身来产生；三是与包含其他组织在内的外在环境因素的互动是组织生存与发展的必须；四是控制自身与其他组织关系的能力是组织生存的基础。上述假设表达一个核心的思想就在于任何的组织都不能靠自给自足来实现生存，都需要对外界环境的资源有依赖，进行必要的资源交换，以此获取组织生存发展的关键与稀缺的资源。

资源依赖理论认为，各组织之间资源禀赋差异性巨大，而且并非所有资源都能够完全自由的流动，很多关键资源是没有办法通过定价进行交易在市场上流动。例如组织声誉，可能比厂房设备等有形资源给组织带来更为长久的市场上的竞争优势，但是，它却很难定价，不可能从市场上购买。资源依赖理论进一步将组织间依赖程度的大小归结为三个因素，一是资源在组织生存中的重要程度；二是组织内部或外部一个特定群体获得或处理资源使用的程度；三是替代性资源可获得程度（Pfeffer 和 Salancik，1978）[205]。假定某组织缺乏某种资源就不能生存，而这种资源其自身又难以产生且相对稀缺，可替代的资源一时又难以找到，则其他掌握这种稀缺资源的组织就能获得该组织强烈的依附，也即是控制稀缺资源的外部组织掌握了支配该组织的权力。资源依赖理论的核心逻辑就是这种权力—依附关系。

（2）交易成本理论

交易成本理论是建构起新制度经济学的基础性理论之一，最早是由英国著名经济学家 Coase (1937)[206]在其经典论文《论企业的性质》中提出来的。一改认为人是具有完全理性，且不承认人的机会主义行为和败德行为的传统新古典经济学的观点，交易成本理论基于人的本质特征是有限理性和具有机会主义倾向的假设，认为人的认知能力是有限制的，不可能无所不晓，因而人都是有限理性的。信息获取、理解沟通能力等都会影响个人行为决策，难免导致非理性决策的发生。机会主义倾向是从人都是理性的经济人假设出发，认为一旦碰上机会，人们都会为自身利益的考虑而采取损人利己行为的倾向（Williamson，1985）[207]。

交易成本理论的核心是交易，因而交易成本是通过围绕成功交易所涉及的各种耗费来定义的。Williamson (1993)[208]对交易成本论述，是最具代表性的观点，他将交易成本归为六类：一是搜寻成本：搜寻两类信息即商品和交易对象信息所耗费的成本。二是信息成本：取得交易对象信息与信息交换所发生的成本。三是议价成本：交易双方针对合约、质量和价格等协商谈判的耗费。四是决策成本：涉及决策过程以及合约签署所耗费的成本。五是监督成本：对交易对象履约程度进行监督的耗费。六是违约成本：违反合同约定义务所需付出的成本。

交易成本理论认为交易是由三个维度所构成：资产专用性、不确定性和交易频率，它们都会显著影响企业的交易成本（Williamson，1985）[207]。在资产专用性维度方面，专用性所导致的市场竞争的缺乏难以约束机会主义行为，因而事后的机会主义行为易于发生。高的资产专用性程度也对应着高的事后被“套牢”的风险，由此规避机会主义行为的成本也越高。在不确定性维度方面，有限理性假设之下，合约签订与执行的难度与外界不确定性程度的高低正相关。当外界环境不确定性程度升高的时候，企业往往需要制定更为全面综合的合约，来应对环境的动态变化，协商与签约的成本必然上升；而当行为不确定性程度升高时，企业对合约执行的监督难度大为增加，合约的监督与执行成本将相应增加（Rindfleisch 和 Heide，1997）[209]。在交易频率维度方面，与交易频率的增加相对应的讨价还价，交易过程管理的耗费也将上升，这迫使企业采取内部化的科层结构以降低交易成本。

（3）社会资本理论

社会资本的概念是从“资本”演变而来，最早由 Loury（1976）[210]提出，但 Loury 未能进行深入的研究。到了 20 世纪 80 年代，法国社会学家 Bourdien（1986）[211]提出并系统地阐述了社会资本的含义，他认为社会资本实质上就是各种潜在的和实际的资源集合，并基于社会学视角阐释了社会资本的网络性、稳定性等特征。目前，社会资本作为解释社会经济发展的重要变量，已在众多的学术研究领域得到了广泛而深入的应用。

Bourdieu（1986）[211]是最早从社会网络的角度研究社会资本的，从关系主义的视角，他定义了“场域”和“资本”两个概念，他认为所谓场域，就是综合各类社会关系所表现出来的形式多样的社会领域或场合，场域也可看作各类位置中所客观存在的连接关系的网络。而资本表现形式有经济资本、文化资本和社会资本，其中社会资本的存在形式就是关系网络，可看成现实的或潜在的与对某些持久的网络占有密不可分的资源的聚合。社会资本是以关系网络的形式而存在的。Putnam（2000）[212]的研究认为，社会资本可以看作是基于社会网络、互惠规范和信任而进行的人与人之间的联络。该理论的基本原则就是人与人之间的社会网络关系所能产生的资源。依据 Lin 等（2001）[213]的总结，社会资本理论有四个理论假设：一是结构假设。社会结构由地位、权威、规则和职业构成，以科层式的金字塔的形式而存在，有价值的资源嵌入其中，其分布也以金字塔形式出现。二是互动假设。行动者在资源与行为方式上越具有相似或相近的特征，互动就越容易产生，因为资源越相似，产生互动所付出的努力要求就越少，这也就是所谓的相似性原则。三是网络假设。从社会网络的视角来看，行为者直接或间接的互动关系引发了资源形态的变化。行为者自身也拥有一定的资源或人力资本，然而这些资源很大部分是嵌入于直接或间接地与其他行为者的连接关系之中。四是行动假设。行为者在社会行动中是受资源获取与维持的推动，也即是投资社会资本的行为是一种有目的的行动。

在管理科学研究中，社会资本主要指的是组织与组织间、团队与团队间关系建立起来的某种社会网络，正是基于这种关系网络使得信息的交流、知识的获取、资源的利用和机会的把握等得以顺利实现，从而促进网络关系的进一步发展。一方面，社会资本结构使得不同层次的成员之间的交流成为可能；另一方面，社会资本自身所具有的融洽、和谐关系也有利于成员的社会交流活动。社会资本的认知特征表明，社会资本对网络成员知识共享和学习效果具有促进作用，特别是对网络隐性知识在网络成员之间的传播和分享更是具有明显的积极影响。

（4）社会认同理论

社会认同理论是主要涉及种族优越、偏见歧视等群际关系、群体历程的社会心理学理论。最早由 1974 年由法国社会心理学家 Tajfe 提出，后经 Turne 的修正，现在已经成为解释群体关系最有影响力的理论之一。

所谓社会认同是指“个体对自己属于某群体的一种认知，同时也认识到作为群体成员带给他的情感和价值意义（Tajfel，1978）。”Turne（1986）认为，社会认同包括两层含义，个体对群体的认知和个体属于群体的认知。社会认同理论对个体对社会认同的需要从动机和功能两个视角进行了阐释。在动机视角的研究看来个体的社会认同能够有效降低不确定性，原因在于个体能够与群体内其他个体达成具有一致性的社会共识，群体成员间共享信念、规范与价值，这减少了不确定性（Hogg 和 Mullin，1999）[214]。而在功能视角的研究看来社会认同存在两种基本需要：融入需要和区别需要。社会融入需要表征的是行为主体有从群体中获得安全的需要；社会区别需要则意指行为主体有与其他个体保持距离的需要。也即是，个体需要在群体内得到社会融入的需要，而在社群外获得社会区别的需要（Leonardelli 等，2010）[215]。Ashforth（1992）[216]在研究社会个体对组织认同的过程中，认为社会认同的一种特殊表现就是组织认同，并指出社会认同是个体对逐步了解并融入某群体，并保持与其他群体成员的共同感知的过程。Kreiner 等（2015）[217]基于社会认同理论的进一步研究认为组织认同是来源于组织的中心性、异质性和稳定性，也即是认同来源于具有中心化特征、成员关系稳定且持久同时由众多异质性成员所构成的组织。

现有的社会认同理论为社群形成的研究提供了非常有意义的理论层面指导，网络社群的形成也可看作为是社群内成员机构间逐步相互认同的过程。Culnan（2005）[160]的研究发现，高认同度群体往往是由一群拥有共同兴趣或相同身份的个体通过长期的交流互动逐渐形成的，个体彼此间通过长期的互动交流逐步培育出彼此间的信任关系，从而导致群内成员眼里群内信息具有超越群外个体所提供的信息更高的信任度。Algesheimer 等（2005）[161]从社会认同理论的视角，来对品牌社群中的社群认同问题进行了研究，他们认为认知和情感要素是群体认同的重要内容。Honeycutt（2005）[162]的研究认为基于身份认同而形成的群体，在群体间相互对比的情境下，不同群成员间对相互差异的强烈感知将会被激发，从而进一步加强个体对自己所属群的认同度，群体凝聚力也相应得到提升。

（5）社会交换理论

社会交换理论兴起于 20 世纪 60 年代的美国，最早由 George Casper Homans 提出，其代表人物有 Peter Micheal Blau 和 Richard Emerson 等，是当前在全球范围内传播广泛的一种社会学理论。社会交换理论认为人类都是在理性决策基础上进行个体的行为决策，追求以最小代价获得最大收益，因而个体的交换与互动联系就能够对人的社会行为进行解释。虽然社会交换理论来源于社会学，但其影响和应用则早已扩展至其他学科领域，广泛应用在心理学、政治学和管理学等领域，并被多个学科领域的研究证明了其理论的解释能力。尤其是在管理学中，社会交换理论已是组织行为和组织关系研究中重要的基础性理论（Coyleshapiro 和 Shore，2007）[218]。

社会交换理论认为人类的交换行为是其最基本的社会行为。社会交换就是社会互动中的双方行为人依据彼此的行动进行的建立在自愿基础上的资源换取的互动方式。现有研究一般将其分为狭义和广义的社会交换两类。狭义的社会交换是指交换局限在微观个体层面的行为者之间；而广义的社会交换则是将交换放在组织层面的企业之间。故此，社会交换理论既可对微观个体层面的交换关系加以解释，又能够用来解释组织层面的交换关系。

从经济学和人类学意义上，人类的交换行为可区分为经济交换和社会交换。经济交换是契约式的，交换主体、对象、数量以及时间都是具有明确的规定，而社会交换则不同于经济交换，有其自身的特点。

一是缺乏契约的限制，存在诸多不确定。是否有回报、回报的时间与形式都是不确定的，虽然社会交换中也存在一定程度的约定，但约定也是不具体和不确定的，可涉及经济交换的介质“外在报酬（如商品、服务与金钱等）”，也包括“内在报酬（如地位、荣誉与爱等）”，而且更强调后者。这种交换的非规定性和不具体性使得交换双方的责任义务与正式契约有明确的规定与具体指向不同，依靠的只能是相互的情感、信任关系等方式来实现。

二是互惠性。在社会交换中最为核心的特征是其互惠性。社会交换关系中，若要维系交换关系的稳定与长久，就一定要确保交换主体之间在交换过程中对等的责任与义务。当然这种对等是基于交换主体的价值观与社会规范而定的。假定社会交换主体中任何一方感知互惠性没有满足，则双方的交换关系会受到损害。

三是社会交换理论认为并非所有的交换都是对等的。大多数情况下，会由于交换双方其中的一方拥有更有价值的资源或更高的地位，而导致不对等的交换关系。这种交换关系中，接受对方资源但却由于自身资源的限制不能达到等量回报的一方往往会选择对资源给予方表示服从来间接地互惠“偿还”，由此可见，行为者之间地位强弱凸显在交换关系中，强势一方就拥有影响弱势一方行为与决策的能力。

（二）概念模型的推演与形成

资源依赖理论、交易成本理论、社会资本理论、社会认同理论和社会交换理论是本书所构建的整个模型主要所依据的理论基础，下面通过理论推演构建本书的概念模型。

资源依赖理论于本书的意义在于它合理地解释了风险投资间互补需求与网

络社群形成的关系。从资源依赖理论的观点来看，为了取得有益于自身发展所需资源，风险投资机构必然需要通过某些方式与其他机构产生资源上的连接关系，例如以联合投资的形式来共享有价值的资源或形成网络社群的方式来获取包括显性与隐性知识在内的深度资源。风险投资机构间资源禀赋差异显著，特别是投资声誉、投资经验等资源既稀缺又难以完全流动，投资机构间存在必要的资源交换需要，同时资源差异也会导致一定程度的机构间权力－依赖关系形成部分联合伙伴间关系聚集。进一步，当投资机构与其他网络成员各自皆拥有对彼此都重要且稀缺的资源时，双方将呈现深度且对等的交互依赖关系。这时，稳定而密集的联合关系将有助于确保关键资源的可搜寻（addressable）能力，并实现锁定资源的效果。

交易成本理论有助于我们理解机构间的互补需求、连接整合、认同感知和地理邻近因素对网络社群形成的关系。在联合风险投资中，机构间的合作关系附带有各类的不确定因素，即，关系风险。因而，以网络社群的形式来建立合作关系，以此规避机会主义行为，降低关系风险，也是风险投资机构的理性选择。根据交易成本理论，熟悉伙伴间的联合，一是能够大幅降低机构间、机构与项目间的信息不对称程度，减少信息成本，二是提高了机构间的认同度与信任程度，进而降低了与风险资本相关的逆向选择的风险；三是熟悉伙伴间的联合，违反规范的行为易被合作伙伴发现，导致其伙伴拒绝与其再次合作，进而对搭便车、信息隐瞒等机会主义行为有显著的抑制作用，从而有助于形成稳定的网络关系。依据交易成本理论，从投资过程的视角来看，联合投资过程中所产生的交易成本分别存在于伙伴搜寻环节的信息获取成本、联合形成过程中的协商成本以及联合投资形成后的相互监督成本。一般而言，机构间地理空间邻近时，相互接触更为容易便捷，在三个环节中的交易成本花费都会更低，能够增强原有的相互认同与信任关系，促进稳定的联合关系的形成。总之，风险投资机构间的网络社群关系提供了一般契约关系所没有的信任，这有助于规避投机行为，减少了监督费用，提高了机构的适应能力与决策效率，降低了交易成本。

在本书中，社会资本理论可以有助于我们理解连接整合以及地理邻近与网络社群形成的关系。依据社会资本理论的结构假设，有价值的资源的分布呈金字塔状存在，且镶嵌入在由地位、规则、权威等所构成的社会结构之中。在风险投资网络中，风险投资机构的身份与地位往往通过所处网络位置来加以呈现，优良的网络位置凸显了机构的核心地位。网络位置表明了风险投资机构的潜在联合伙伴的信息的可达性，网络位置好会有更多的建立联合关系的机会，这促进了网络社群的形成。从社会资本理论的互动假设视角来看，相似属性特征的风险投资机构间的互动联合能够有效避免代理冲突，降低代理成本，促进稳定联合关系的形成。

依据社会资本理论的网络假设，在社会网络中，行为者直接或间接的互动关系引发了资源形态的变化。风险投资机构的一些资源如项目信息、机构声誉等是自身拥有的，但这些资源大部分嵌入于同其他投资机构的直接或间接的联系之中，因而资源要能够充分整合利用，形成稳定的机构间的网络联系是关键。此外，风险投资机构与其联合伙伴处于同一地理区域，则投资机构与利益相关方建立的合作关系基础上的社会关系网能够更大概率的相互重叠，在与这些专业机构合作的过程中，更能够加深联合伙伴间的相互的认同与信任，促进稳定的联合关系的形成。

在本书中，社会认同理论可用于说明认同感知与网络社群形成之间的关系。风险投资是一个高风险的投资行为，面临各种不确定因素，通过联合投资的形式能够在一定程度上分散投资风险，降低不确定性，但现有研究已经表明联合行为本身又会带来诸如信息不对称、机会主义等新的风险。依据社会认同理论，从动机视角来看，个体对群体内成员的认同能够达成具有一致性的社会共识，群体成员间共享信念、规范与价值，降低了不确定性，因而通过风险投资机构间相互的认同，能够形成彼此间的了解、信任与偏好，促成更高概率与频率的联合投资关系，网络空间上就形成了投资机构间的集聚，相互认同所产生的认知与情感依附等要素，进一步强化了这种集聚的稳定性，这有助于网络社群的形成。再从功能视角来看，风险投资机构的相互认同，既产生了融入的需要，保持与其他相互认同机构的共同感知，又存在区别需要，与相互认同机构以外机构的差异对比，产生了身份认同，这也为网络社群的形成提供了现实的基础。

在本书中，社会交换理论可用于推演认同感知与网络社群形成之间的关系。在联合投资中机构间具有较高程度的相互认同与信任关系时，投资机构对联合投资中其他各方的行为与能力具有正面积极的预期，信任会维护联合投资行为的整体利益，而不会利用集体行动的弱点采取机会主义行为，相互之间甚至会超越一般个体利益关系出现基于认同情感的利他行为。换句话说，相互的认同与信任提升了联合投资机构间对潜在社会交换价值的预期，强化了彼此间维持长期稳定合作的意愿。

基于社会交换理论的互惠原则，投资机构受邀参与联合投资于风险项目，以此感知其他投资伙伴拥有较高的社会交换价值时，遵循互惠原则，它也会存在向其他投资伙伴提供资源的意愿，这些资源除资本外还包括投资建议、项目信息，特别是共享的隐性知识等，由此维持稳定的相互间长期的社会交换关系。反之，联合投资机构彼此具有相对较低的认同与信任关系时，投资机构对其他合作伙伴机构附带的社会交换价值预期消极；则相应地投资机构也将难以共享自己的深度资源，不利于稳定的长期联合关系的形成。

综上，图5-1显示了本研究提出的概念模型，这个模型主要构建了影响风险投资网络社群形成的互补需求因子、连接整合因子、认同感知因子以及地理邻近因子相互作用关系以及与网络社群形成的内在联系。

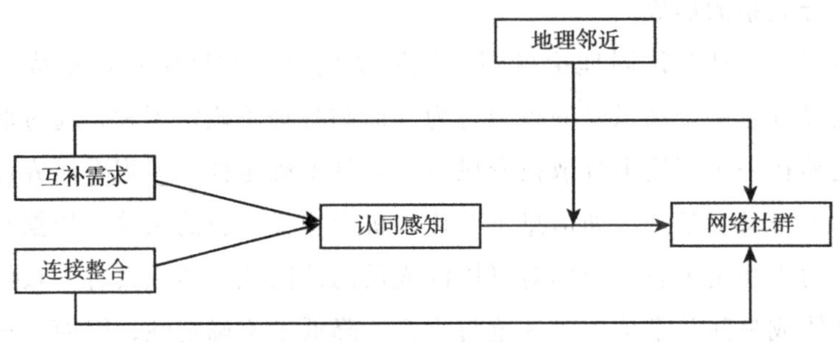

图5-1 概念模型

二、研究假设的提出

（一）直接影响作用

（1）互补需求对网络社群形成的影响

互补需求因素主要从风险分担、信息共享、资源互补三方面影响风险投资网络社群的形成。首先，对于风险投资而言风险主要存在于两个阶段：一是投资前项目筛选存在的信息不对称而导致的风险；二是投资后存在的道德风险以及投资周期长，缺乏流动性而导致的风险。金融理论的一般观点认为，联合是为了形成多样性的投资组合，从而分散风险。风险投资机构出于对风险规避的需求，尽量避免“把所有鸡蛋放在一个篮子里”（Lockett，2001）[77]，通常是熟悉的伙伴在联合投资的基础上，实现多样化投资（Manigart 等，2006）[81]，形式上往往表现为抱团投资的形式。从风险投资机构整体投资组合的角度看，风险投资机构通常的做法是将资金投向多个项目，实现分散化投资，一般投资单一项目的资金量不会超过资金总额的 10%（Ferrary，2010）[197]。分散化投资使风险投资机构在个别项目失败的情况下，其依然能够获得正的总收益。分散化投资策略是风险投资机构降低投资风险惯常的选择，这导致了很多情况下，其所投资金额度往往不能满足风险项目对资金的需要，从而使得多个伙伴抱团投资成为一种通常的选择。

从风险项目的投资过程来看，通过“抱团”投资的形式，优先与熟悉的伙伴进行联合，一方面能够有效降低投资前项目筛选风险。Brander 等（2002）[15]认为，通过联合其他机构一起进行投资决策，对风险投资机构是非常有利的，因为能够获得其他投资者的投资建议，即使没有获取投资建议，也能够通过观察其他投资者的投资决策，来增强项目选择的准确性，同时也有利于阶段投资的再投资决策，从而降低项目筛选的风险。Cumming 等（2005）[90]的研究也表明熟悉伙伴间的联合，促进了对项目质量的甄别，降低了与风险资金相关的逆向选择的风险。另一方面，熟悉伙伴间的联合也能够规避投资后机构的机会主义行为而导致的道德风险。在联合风险投资过程中，常常会面临联合机构之间的协调困难的问题，从而在决策中很可能出现机构伙伴间难以调和的利益冲突的状况，因而搭便车行为、道德风险问题以及联合机构由于过度追求自身利益而牺牲其他伙伴利益的公平问题（Hopp，2011）[79]。而通过与风险投资网络社群内了解或熟悉的机构联合，事实上可以说是在能够交流顺畅、存在一定程度的情感依附，并能实现隐性知识传递的情景下的联合（Granovetter，1983）[219]，相互之间高概率的联合可能，事实上是重复博弈的过程，机构为追求长期合作收益，会导致信任关系的建立，这能有效降低联合投资后的道德风险问题（张维迎，2002）[220]。

此外，熟悉的投资机构间的联合行为降低了风险企业商业秘密被其他投资机构窃取的风险。Bachmann 和 Schindele（2006）[221]的研究论证了彼此熟悉了解的投资机构间的联合可以看成是一种能够有效降低被投风险企业好的创意或关键技术被窃取风险的机制，因为在熟悉的机构间联合的情况下，如果某一投资机构存在着窃取行为的话，一方面很容易被相互了解的其他投资机构发现，另一方面这种败德行为的负面信息也会很迅速的传播出去，严重影响自身的信誉，而这往往是作为金融中介的投资机构最得不偿失的行为。

其次，风险投资网络社群的形成来源于对信息共享的需要。从资源依赖理论的观点来看风险投资机构采用联合投资策略的原因是出于对获取信息与交换信息资源的需要。由于风险项目所具有的高度的不确定性，单一的风险投资机构做出的项目决策，往往会由于信息的限制，很容易出现失误。通过与其他投资伙伴的联合来交流信息，从而突破信息的限制，对项目的评估与监督是非常重要的。

进一步而言，联合投资中，与熟悉的伙伴联合具有更为重要的信息因素的需要，风险投资机构只有在他们的联合伙伴都认为项目是可行的情况下才会投资（Gompers，2004）[158]。熟悉提高了信息的流动，这使得机构能够更好地理解伙伴间的概念和过程（Porter，2000）[159]，进而形成熟悉伙伴联合的聚集行为。另外，风险投资机构的一项关键的资产是声誉。声誉信息更容易在熟悉的联合伙伴间传播（Zhelyazkov 等，2016）[184]，违反规范的行为很容易被熟悉的合作伙伴发现，导致其伙伴拒绝与其再次合作，进而对搭便车、信息隐瞒等机会主义行为有显著的抑制作用。社群内各节点间声誉信息的广泛传播，构成了声誉信息网络，这不仅对信息不对称和信息扭曲有显著的抑制，使得交易成本降低，也促使机构间进行充分的信息共享，这都形成对熟悉伙伴联合行为的需要（Gu 和 Lu，2014）[20]。因而风险投资机构出于对有价值网络信息资源共享的需要，会偏好更短的网络距离和更低交易成本，在风险投资网络中则呈现节点机构的聚集（Bubna 等，2016）[34]，从而形成风险投资网络社群。

最后，风险投资网络社群的形成也来源于对资源互补的需求。资源依赖理论视角下潜在的合作企业之间具有平衡的资源禀赋相互依存关系时才会导致稳定的连接关系形成，企业往往与具备良好资源禀赋的合作对象以联盟的形式构建网络（Ozcan 和 Eisenhardt，2009）[72]。联合风险投资中的资源包括资金资源与非资金资源两类，后者主要涉及联合伙伴参与尽职调查的过程、跻身于公司董事会，提供管理建议与培训，人才招募并通过机构社会网络关系提升风险企业的声誉。风险企业的成长有一个相对较长的周期，经历种子期、初创期、扩张期再到成熟期，所需的发展资金量也依次递增，到一定阶段后往往超过单一风险投资机构意愿的投资量。为了解决风险项目成长过程中的资金需求问题，风险投资机构惯常的做法是积极寻找合适的联合投资伙伴一起参与投资，以弥补投资资金的缺口或满足风险项目后续融资的要求，进而提升自身的竞争优势（Brander，2002）[7]。Deli 和 Santhanakrishnan（2010）[8]的实证研究也证明积极地与合适的伙伴进行联合投资可以帮助风险投资公司减轻单独投资时所产生的人力资本和资金制约。汇集各类投资者的资源与能力增强了联合成功的概率（Hochberg 等，2015）[222]，但这在于所有参与者都履行他们的职责（Sorenson 和 Stuart，2008）[109]。因而，风险投资机构高度强调对联合伙伴的选择。风险投资机构联合中显著的偏好对过去合作过的联合投资机构（Sorenson 和 Stuart，2001）[87]，不成比例地倾向于邀请建立在亲密关系基础上的熟悉伙伴进行联合投资（Gompers 等，2016）[223]。

此外，从流动性的角度，由于风险投资机构很难随意地将风险投资项目进行出售变现，风险投资项目的流动往往都很差（Sahlman，1990）[28]。因而，风险投资机构将会面临较多的流动性问题，选择熟悉的伙伴进行联合投资，有助于在面临流动性问题时，需要提前退出的时候，能够降低与其他伙伴风险项目股权转让的交易成本[184]。为风险企业提供除资金以外的管理咨询、技术支持、人才招募等增值服务，是风险投资区别于一般投资的关键特征。Florida 和 Kenney（1998）[224]研究发现，获得联合伙伴的经验、专业技能等资源以支持风险企业成长是风险投资机构形成联合投资联盟的主要原因。Hopp（2010）[194]的研究表明，实现优势互补与战略需要是促成风险投资机构结成联合投资联盟的两个主要驱动因素。Wstkins（2010）[225]通过对 30 家英国风险投资机构的访谈，也证实风险投资机构与大型跨国公司建立长期稳定的合作伙伴关系的动机是追求互补性、跨区域知识和专业技能。

综上，提出假设 1：

互补需求对风险投资网络社群形成具有正向影响。

（2）连接整合对网络社群形成的影响

风险投资网络中部分节点机构连接的紧密关系在网络空间中就呈现出风险投资网络社群现象（罗吉等，2016）[59]。连接整合因素反映的是机构搜寻联合伙伴与建立网络连接的能力。社群内伙伴间的连接概率相对于社群外机构而言明显更高，因而风险投资网络社群的形成从连接关系的层面，一是要能够接触到合适的联合伙伴；二是能够与其建立连接关系；三是连接关系能够稳定持久。参照现存风险投资网络的研究文献，机构层面的连接整合从三个方面影响风险投资网络社群的形成。

第一，风险投资机构倾向于获取更优越的网络位置，这促成了大量网络连接关系的形成。风险投资机构的地位与身份通过其所处网络位置来表征，优越的网络位置凸显了机构的核心地位。机构在网络中面对丰富的连接关系，极大地拓展了信息获取的渠道与途径，从而能够获取丰富的伙伴信息，这有助于选择合适的伙伴。当前众多风险投资研究者都认为先前的联合形成经历能够促进未来联合关系的发展（Sorenson 和 Stuart，2008；Trapido，2007）[104,109]。此外，影响力不够的机构出于"窗饰"的需要也会竞相与网络位置好的机构联合。总之，网络位置表明了风险投资机构的潜在联合伙伴的信息的可达性，网络位置好会有更多的机会建立联合关系，大量的联合关系的建立又促进了网络社群的形成。

第二，风险投资机构自中心网聚集程度的增加也促进了网络社群的形成。自中心网聚集程度指的是风险投资机构自中心网络内各节点机构间关联的紧密程度（刘军，2007）[226]。除了先前的直接连接关系能够影响行为者未来选择他们的联合伙伴进行联合的可能性（Dyer 和 Singh，1998；Gulati，1995；Li 和 Rowley，2002）[105,106,148]以外，相互重叠共享的联合伙伴也能发挥间接连接地印证、推介的功能，提升间接连接转化为直接连接的概率（Gulati 和 Gargiulo，1999；Shane 和 Cable，2002）[107,227]。先前联合关系所形成的共享合作伙伴，不仅能够为风险投资机构意愿联合的投资伙伴作验证，而且还能较大概率地被先前直接的联合伙伴介绍、推荐成为风险投资机构潜在的合作伙伴（Ferrary，2010；Zhelyazkov 等，2016）[184,197]。

自中心网络聚集程度越高，网络内机构间接关联越多，扩展至群外的共享合作伙伴也会更多，潜在联合伙伴间直接的或间接的熟悉程度也会更高，这正是形成网络社群的基础。总之，高的网络聚集程度更有利于对联合伙伴的选择与判断，自中心网聚集程度越高使得部分风险投资机构之间有着更为紧密的联系，有助于直接和间接的信息交流，方便共享资源与利用资源，更可能进行反复且稳定的联合（Zhelyazkov 等，2016）[184]，促进了风险投资网络社群的形成。

第三，风险投资机构间属性特征的相似程度也促成了网络连接的形成。个体倾向于与其具有相似特征与背景的其他个体进行联合、交流与连接，基于网络组织的研究已经有长期的探讨了（McPherson 等，2001）[228]。传统上，组织理论与金融理论大量的研究也已经证明对属性特征相似或结构上近似的投资机构间的偏好是选择联合投资伙伴的重要驱动力量。风险投资机构联合中显著偏好过去合作过的投资机构，或者存在于其自中心投资网络中的机构（Sorenson和Stuart，2001）[87]；风险投资机构更高概率地挑选相似投资领域和投资阶段的联合投资者（Trapido，2007）[104]；在人际关系层面，运作风险投资机构的风险投资家也更倾向于邀请相似种族、相似教育背景与职业经历的其他投资者加入他们的联合项目（Gompers等，2016）[223]。Cestone等（2007）[229]的研究表明，风险投资机构更倾向于与自己具有相似属性的机构进行交流，做出项目的投资决策，这促使了同质风险投资机构的聚集，呈现同质性匹配。Casamatta等（2007）[230]的进一步探讨，发现相似属性特征的风险投资机构形成稳定的联合关系的原因，在于避免代理冲突，降低代理成本。在既定资源情况下，相似机构的联合能够有效降低信息不对称和信息租金抽取而导致的盘剥（Expropriation）与套牢（Hold－up）问题。

综上，提出假设2：

连接整合对风险投资网络社群具有正向影响。

（3）认同感知对网络社群形成的影响

现有的社会认同理论和社会交换理论的研究是网络社群研究的重要理论基础，网络社群的形成过程是通过节点机构相互信任基础上的互惠交往，实现社群认同的过程。认同感知是指风险投资机构对自己属于某群体的一种认知，是网络社群形成的最核心、最关键的因素，主要表现为机构间的信任与互惠关系。

信任常常被看作是一种能够有效推动伙伴关系形成的关系型社会资本。Chua等（2009）[186]认为信任有两类：一类是基于情感的，来源于个体间的情感经历；另一类是基于认知的，来源于其他联合伙伴能力与可靠性的证据与表现；而在中国文化的环境下，合作关系连接的形成，融合了情感性与工具性的因素，具有强烈的社会情感的内容。

Strätling等（2011）[108]对荷兰风险资本市场的数据的研究，实证发现机构间联合投资的发生，相互的信任关系是关键的要素之一。Sorenson和Stuart（2008）[109]的进一步研究认为投资机构之间的信任关系也是风险投资网络形成的主要原因。Ma等（2012）[110]发现风险投资机构之间的信任可以共同解决联合风险投资中的问题。Hopp和Lukas（2014）[111]从信号理论的视角研究认为风险投资机构间共同投资经历所产生的信任是投资机构继而选择联合伙伴的依据。Gulati（2007）[231]区分了重复联合形成的联盟与一次性联合形成的联盟，他认为重复联合联盟形成的原因与结果都源于组织间出现的信任关系，这种信任关系促使联合伙伴间行为忠诚并对未来伙伴间联合的形成扮演重要的角色，并认为信任就是一种能够减轻对联合伙伴未来机会主义行为担忧的预期。周冬梅等（2000）[36]在对风险投资网络中信任演化过程的研究中，发现风险投资牢固稳定的联合关系是建立在相互信任的基础之上，这种超越利益的信任关系，有效规避了机会主义行为风险，确保了联合关系的稳定发展。

互惠关系作为个体与群体互动的基础，促进了稳定的伙伴关系的形成。风险投资网络中，机构间最为常见的互惠行为表现为互惠的投资邀请①（Ferrary，2010）[197]，该行为以对未来良好合作关系的预期，促成了机构间的稳定的互动关系。互惠关系被誉为一个通过网络形成社会资本，常被低估，但又是高度重要的方面（Molm，2010）[37]。Molm（2010）[37]将其不可或缺性描述为直接或间接的互惠关系是网络形成的必然要素，理由是互惠的交换使得行为者能够发展出相互信任以及情感纽带从而提升交换关系的效率，进而以一种集体主义的方式行为。他因而还认为互惠行为具有社会交换的特征，并且是形成社会合作与相互支持的源泉。依据这种思路，风险投资社群形态是建立在互惠的社会合作与资源共享上的“惯例性的机构合作关系”。Ferrary（2011）[116]研究发现，风险投资机构为了发起一个与拥有互补性资源伙伴的互惠交换，常常使用非正式的渠道去邀请其他投资者共享其私有信息与知识，而邀请行为其本身可以看作为主风险投资机构赠送给其他联合伙伴的一个礼物，期待其他伙伴能够在将来的某个时候完成相应的互惠的礼物交换。Flynn（2005）[114]指出，互惠包含直接互惠和间接互惠，同时他认为成员之间的情感连接是通过互惠支持实现的。Ammann（2011）[115]指出，成员间的直接互惠和间接互惠对于社群形成有正向影响作用。周育红和宋光辉（2014）[117]对中国风险投资网络的研究，得出结论认为风险投资网络中的凝聚子群本质上就是一些基于机构成员间互惠交换关系的紧密联系所构成的小团体。

综上，提出假设3：

认同感知对风险投资网络社群具有正向影响。

---

① 风险投资机构通过邀请其他投资机构参与有利可图的风险项目，来换取未来获得相应的回报，当其他投资机构有高质量项目时，也会邀请其参与。

（4）互补需求对认同感知的影响

从联合风险投资的整个运作过程看，无论是投资前的项目评估与筛选还是投资后的监督与增值服务，都存在机构间对风险分散、资源与项目投资机会的互补需求，并都会产生机构间相互的认同与信任关系。

在投资前对项目的评估与筛选以及投资后的监督与增值服务过程中，单一机构存在信息与资源的限制，因而会有分散风险与获取有效资源的需要。如果机构间互补性需求越高，那么联合后伙伴间的互惠程度也会更高，因而机构间相互认同度也会更高。

一方面，互补需求高，机构间通过互惠获取到的项目流与项目信息就越多，获取可靠信息就越多，能够大幅降低机构间、机构与项目间的信息不对称程度，减少信息成本，提高评估效率，更可能筛选出高质量项目，机构间的认同度与信任程度会更高。理性的机构选择机会主义行为的概率会大大降低，机构相互间对未来联合存在良好的预期，从而产生持续的信任关系。Lerner（1994）[12]对生物科技行业证实研究证明多个风险投资家收集的关于项目信息更全面广泛，潜在的逆向选择行为风险减少了，项目的审查效率和得到了大幅度提高。Locket 等（2001）[77]也认为，资源共享能够使得所有参与投资的联合伙伴都能够降低投资的不确定性。Brander（2002）[15]通过联合投资共同承担风险，促进了风险投资家与创业者的谈判能力的提升，也隐含着建立在信任关系基础上风险投资家之间的默契一致行动。Talai 等（2002）[232]的研究也证实通过风险投资机构间资源互补基础上的相互依赖，能够规避恶性竞争，强化对风险企业的议价能力。

另一方面，互补需求高，机构间相互吸引力也愈大，联合具有持久与稳定性，反复联合可能性更高，这促进了共有规范的形成，有助于提高伙伴间联合投资的默契与牢固信任关系的建立。Hochberg 等（2015）[222]的研究发现，机构间资源累积优势能够增强作为一个联合伙伴的吸引力。Verwaal 等（2010）[196]的研究结论认为，风险投资机构获得良好的发展的关键在于对获取自联合伙伴的互补的金融资源、管理资源和项目流资源的整合，因而拥有其所需的互补资源的合作伙伴，往往能够获得机构的认同，并能够进一步发展信任关系。

风险投资机构能够得到广泛的认同与信任是建立在拥有丰富的联合投资网络资源的基础上的，被广泛认同所带来的较高声誉又吸引着更多的具备潜在互补资源的其他机构主动加入，形成了网络发展的正反馈机制，促使联合投资小团体进入持续自我强化扩张的道路（林竞君，2005）[233]。Ferrary（2010）[197]的研究认为，从事风险投资的机构并非一般意义上的同质设定，实际上是异质的，他将其分为四种类型：纯风投、PE、CVC和投资银行。虽然这四类机构都会从事风险投资业务，但还是在投资取向上存在差异，不同类别风险投资机构在同一联合投资中的所隐含的劳动分工的不同。投资种子期的纯风投负责筛选风险企业；而其他类型投资者参与随后的阶段为风险企业的进一步发展提供资源。在各种类型机构风险投资之间的差异与互补必定引出了相互依赖与导致了他们之间的交流，并产生信任关系。

此外，互补需求中，“窗饰”的需要，也会促进机构间的认同。Lakonishuok等（1994）[234]首次提出了联合投资的窗饰（Window－dress）假说，认为风险投资机构也会选择通过联合投资战略来充分利用信息不对称，相互勾结，向潜在的投资者夸大机构的业绩。Lerner（1994）[12]从声誉获取的角度研究发现资历较浅的风险投资机构往往会强烈认同具有诸如声誉、经验、地位等丰富资源的风险投资机构，并积极与之产生联合关系，因为即便回报率可能很低，但可以借机宣传，以吸引外部有限合伙人的资金。

总之，具有较高互补资源的风险投资机构能够期待做出更高质量的贡献，因而能够得到其他需要相关资源的风险投资机构的认同与青睐，更可能被邀请进行联合投资。

综上，提出假设4：

互补需求对认同感知具有正向影响。

（5）连接整合对认同感知的影响

在连接整合因素方面，机构搜寻合作伙伴与形成网络连接关系的能力越强，越能促成机构间的相互认同与信任关系的建立。首先，机构的网络位置会通过信号发送与扩散对机构间认同感知产生影响。风险投资机构会利用其所处优良网络位置促进声誉传播效应的发挥，进一步强化外界对机构的认同（徐梦周和蔡宁，2011）[127]，这种认同有助于吸引更多的其他投资机构的加入，以此建立联合关系。这种声誉的传播主要从两方面对其他机构产生影响：

第一，优良网络位置传播高声誉信息表征了充分利用外部资源的能力，能够获得其他机构的广泛认同。Ahuja等（2012）[118]的研究认为，网络位置决定了组织所能够拥有的资源的数量和质量，网络位置的影响体现在获取资源、知识互惠、信息扩散以及信号发送等方面。处于中心位置风险投资机构依赖其良好的声誉与地位，能够更为便捷地获取外界资源与服务，例如政府就更愿意为影响大，地位高，网络位置优良的风险投资机构提供帮助，以使其为风险项目提供更优质的增值服务，与此同时优良网络位置的风险投资机构的声誉传播也会增加外界了解风险项目的兴趣，提升对风险项目的认同感。

第二，风险项目被网络中心位置的投资机构投资，能够对其他优质风险投资机构产生更大的吸引力。正是考虑到网络中心位置投资机构较高声誉的广泛认知性，其他的风险投资机构即是付出更高的成本也愿意与之联合，为风险项目提供更为优质的服务，这也形成了机构间相互信任的重要基础。位于网络中心位置的风险投资机构与其他机构间存在众多的连接关系，相应的互惠的项目流邀请也更为频繁，反过来进一步强化了连接关系；潜在的优质风险项目也往往主动邀请优越网络位置、高地位的机构投资，从而获得认证①（Megginson，1991）[235]；Dimov 和 Milanov（2010）[119]发现在网络中处于高地位的行动者更倾向于促使企业去广泛获取外部的管理经验与行业指导，这会产生更多的吸引其他的众多的联合伙伴的可能。Hochberg 等（2007）[29]对美国资本市场的研究发现联合投资行为是存在机构间共享信息和资源的功能，但是相对于网络位置差的机构，网络位置优良的机构更有可能取得有价值的网络资源。Podolny（2001）[236]研究了风险投资机构的网络位置与投资阶段选择之间的关系，得出结论认为风险投资网络不但是信息和资源流通的渠道，而且还具有信号发送的功能。处于网络中心位置的投资机构本身就是优质投资机构的信号，有助于吸引相应的不确定性低的优质风险项目作为投资对象。

第三，投资机构处于网络中心位置有利于传播自身的投资理念并被其他投资机构所接受，进而产生机构间默契与协同的影响力。联合投资网络中，机构良好中心位置与地位的形成会经历一个较长的时期，其间处于优良网络位置的机构价值理念能够逐渐渗透，潜移默化地都被广泛接受，成为与其联合的风险投资机构的共有规范，从而引发机构间行动的默契。

其次，风险投资机构的网络聚集，能够有效促进机构间的认同感知。从自中心网络视角来看，风险投资机构自中心网络聚集程度越高，网络中风险投资机构之间的交往关系将更为紧密，密切的联系促进了资源的共享和信息

---

① 风险项目被业内具有较高声誉的投资机构投资会被外界确认为优质的项目。

的传播，更为重要的是它逐步培育了网络成员机构间的凝聚力与信任关系（Coleman，1988）[130]。

社会网络理论认为，网络组织嵌入性较弱时，网络聚集程度低，信息传递缺乏效率，知识或其他资源难以进行高效的流动，因而不易形成信任和遵守共同的规范；而在网络中成员间相互联结程度越高，网络连接紧密的系统里，信任关系、共享规范和共同的行为准则则更容易形成（罗家德，2005）[237]。较高的网络聚集程度促进了投资机构间相互交往的程度，更为频繁的沟通使得彼此认知的程度提升，为组织间进一步的有效合作、互惠与信任等情感的产生奠定了良好的基础。Coleman（1990）[132]的研究更加明确地指出致密的网络关系是信任、互惠、共同的规范与行为标准产生的基础，这不仅有利于传播网络资源，而且能够充分地使用网络资源。由此，若在网络中规模扩张伴随着密度增大，这提升了行为者之间的交互行为，有利于网络子群的形成。概括起来讲，聚集程度越高，网络子群形成的可能性越大。高的网络集聚度表明行为者之间已经存在密集的直接或间接联系，在这种条件下行为者间的认同与信任更容易产生（Meuleman 等，2009；Sorenson 和 Stuart，2008；Trapido，2007）[104,109,177]。联系的紧密促使了彼此间信任关系的强化，这便利了私人隐秘的有价值信息的传播（Gulati，2007）[231]。Chua 等（2009）[186]研究认为组织间频繁的经济往来促进了基于情感的信任关系的形成；并且当关系网络更为紧密，存在第三方机构的信息传播与获取，组织与第三方机构的稳固关系有利于提升基于认知的信任关系的形成。

最后，风险投资机构间属性特征的相似程度，也是形成机构间认同感知的重要方面。Feld（1982）[238]在社会背景下观察个体建立连接的过程，发现个体会被相同类型的行为者所吸引，并且相似个体间能够形成信任关系。McPherson 等（2001）[228]的研究发现基于趋同原则而导致的信任关系，使个体倾向于与其具有相似特征和背景的其他个体进行联合、交流与连接。Currarini 等（2009）[239]提供了社会网络中趋同模式的理论基础，他使用一个信任感知与友谊形成的搜寻模型，得出结论在个人偏好中都偏向于相同类型，并且配对过程影响匹配结果。Gompers 等（2016）[223]的研究发现机构间相似的特征越多，二元关系条件下越具有相互之间的认同与信任，并越可能展示更好的绩效，这或许来自于更便利的交流，更好地传递隐性知识的能力，或在一个及时和生产性的行为中做出联合决策的能力。

综上，提出假设5：

连接整合对认同感知具有正向影响。

（二）认同感知的中介作用

从上文的分析中可知，认同感知是影响风险投资网络形成的关键因素，同时作为机构间的相互认同与信任关系，可将互补需求因素、连接整合因素与风险投资网络社群的形成连接起来，在互补需求因素、连接整合因素影响风险投资网络社群形成的关系中扮演重要的中介角色。在机构间的互补需求和网络社群的形成的关系方面，机构间互补需求高，通过互惠获取到的项目流与项目信息就越多，获取可靠信息就越多，能够有效降低机构间、机构与项目间的信息不对称程度，减少信息成本，提高评估效率，筛选出高质量项目的可能性更大，机构间的认同度与信任程度会更高；互补需求高，机构间相互吸引力也愈大，联合具有持久与稳定性，反复联合可能性更高，这促进了共有规范的形成，有助于提高伙伴间联合投资的默契与牢固信任关系的建立；机构彼此的认同与信任关系能够有效规避机会主义行为风险，互惠的社会合作能够培育机构间相互吸引的情感支持，这很大程度上激励了各节点进行长期有效合作，形成网络社群。

另外，在连接整合与网络社群形成关系方面，机构的网络位置会通过信号发送与扩散促进机构间相互的认同；自中心网络聚集通过机构间较高的沟通频率，使相互认知程度增加，增强机构间信任的感知水平；机构间属性特征的相似性，通过趋同偏好导致情感联系与信任关系；继而在联合风险投资网络中，这种相互认同、情感联系与信任关系综合下的认同感知，导致联合投资过程中对部分伙伴选择偏好，空间上呈现机构节点的聚集，形成网络社群。

综上，提出假设6a与6b：

互补需求影响风险投资网络社群形成的过程受到了认同感知中介。

连接整合影响风险投资网络社群形成的过程受到了认同感知中介。

（三）地理邻近的调节作用

风险投资机构间认同感知从信任关系的形成与互惠关系的建立两方面对机构间稳定的联合伙伴关系产生影响，这种影响的作用大小还很大程度上取决于机构间地理空间邻近程度。机构间地理邻近的外在表现是风险投资机构与投资伙伴地理上的集聚。风险投资机构具有普遍的地理聚集性。作为专业性的金融中介，传统上，风险投资机构倾向于金融发达地区或科技中心的地理聚集（Florida，1988）[240]。Zhang（2011）[241]对我国的风险投资地理分布的研究表明，我国的风险投资主要聚集于北京、上海、深圳与香港；长三角和珠三角是风险资本主要的投向区域。虽然风险投资机构有地理选址的集中性，但联合投资伙伴间也非必然处于地理空间的邻近，Fritsch 和 Schilder（2008）[242]研究发现，当风险投资机构与风险项目地理距离较大的时候，往往更愿意与项目本地的风险投资机构联合，本地机构能够负责需要现场执行的监督与咨询任务，通过与远距离的接近风险项目的机构联合这种形式，能够大大降低为监督项目所需的交通成本。因而，投资机构的空间聚集，并不代表联合投资策略下，伙伴机构间地理位置的邻近。

从交易成本理论视角来看，联合投资机构间一定程度上受自身分析能力与信息处理能力的限制而导致有限理性，在此情形下，必要的交易成本的支出在所难免，但如果机构间信任关系良好的情况能够有效降低交易成本，据此交易成本的大小可以评估具有联合关系机构间信任关系的形成。联合投资过程中所产生的交易成本分别存在于伙伴搜寻环节的信息获取成本、联合形成过程中的协商成本以及联合投资形成后的相互监督成本。一般而言，机构间地理空间邻近时，相互接触更为容易便捷，在三个环节中的交易成本花费都会更低，能够增强原有的相互信任关系。风险投资项目的高风险性要求联合投资机构间进行经常性的交流与沟通，机构间地理邻近性能够使得这种交流与沟通更为便利，能够加深相互认同与依赖。

另外，风险投资，特别是联合风险投资的运作，需要第三方专业机构诸如律师事务所、会计师事务所和资产评估机构等提供配套协作，如果风险投资机构与其联合伙伴处于同一地理区域，则风投机构与利益相关方建立的合作关系基础上的社会关系网能够更大概率的相互重叠，在与这些专业机构合作的过程中，更能够加深联合伙伴间的相互的认同与信任，促进稳定的联合关系的形成。尽管机构间交流沟通的成本在通信与互联网技术的普及应用的条件下已大幅地下降，但联合投资机构间相互面对面的交流依然扮演重要的角色（Chen 等，2011）[243]。除此以外，风险资本市场广泛存在着非完全公开信息，随着传递的空间距离的增长，该类信息逐渐衰减。资本市场的信息大体可划分为三类：公开信息、非完全公开信息和隐性信息。公开信息通过正式的公共媒体渠道传播，能够同等地被所有投资相关方所获取，不会受到地理距离远近的影响。而非完全公开信息和隐性信息传播往往通过非正式的渠道实现，尤其是隐性信息与风险资本家的人际网络关系密切，受地理距离远近的影响较大，因此联合投资机构间地理空间的邻近更能够获取相互间的非完全公开信息与隐性知识，以此也更能够发展相互间互惠关系以及对相互间联合关系的认同与信任[184]。总之，机构间地理空间的邻近，能够有效减少机构间的交流沟通成本，更大程度上加强相互间的互惠关系与信任，促成稳定默契的联合投资关系。

风险投资家作为风险投资机构的实际管理与运作者，依据现有行为金融理论的研究，发现也存在非完全理性的特征，存在相似性偏好（Franke 等，2006）[244]和过度自信（Zacharakis，2001）[245]。风险投资家不仅与本区域的投资机构同处相类似的经济文化环境，能够更容易获得本区域其他投资机构的信息，而且也对本区域内风险投资机构的投资活动更有信心。Ferrary（2010）[197]的研究发现，风险投资家的性格、心智成熟度、管理能力等方面特征都是无形的信息，而信息越是无形，越需要强连接的冗余（Redundancy of strong ties）去证实它，本地连接由于对本地文化与社会网络更深的嵌入性，更容易形成连接冗余，因而越能够通过非正式联系提供更多的信息，从而使联合伙伴间产生更多的社会互动与信任关系。因而，处于同一地理空间的风险投资机构能够产生更为深厚的信任关系，并转化为外在的联合投资伙伴选择的偏好。

综上，提出假设 7：

地理邻近正向调节认同感知与风险投资网络社群形成的关系。

第三节

小结

基于以上分析，本研究发现：风险投资机构间的互补需求、连接整合、认同感知因素是风险投资网络形成的主要影响因素；地理邻近因素还在认同感知因素影响网络社群形成过程中产生重要的调节作用；机构间的互补需求和连接整合不仅对网络社群的形成产生直接影响作用，而且还能够通过认同感知的中介，间接影响风险投资网络社群的形成。但上述的影响效应还存在于理论层面的分析，具体的影响结果还有待实证的检验，尤其是在我国风险投资网络情景下，还缺乏系统性的实证检验。综上，结合本研究的目的，如表5-1所示构建了研究的概念模型。

表5-1　　　　假设汇总

	序号	假设内容
互补需求对网络社群形成	假设1	互补需求对风险投资网络社群形成具有正向影响。
连接整合对网络社群形成的影响	假设2	连接整合对风险投资网络社群具有正向影响。
认同感知对网络社群形成的影响	假设3	认同感知对风险投资网络社群具有正向影响。
互补需求对认同感知的影响	假设4	互补需求对认同感知具有正向影响。
连接整合对认同感知的影响	假设5	连接整合对认同感知具有正向影响。
认同感知的中介作用	假设6a	互补需求影响风险投资网络社群形成的过程受到了认同感知中介。
	假设6b	连接整合影响风险投资网络社群形成的过程受到了认同感知中介。
地理邻近的调节作用	假设7	地理邻近正向调节认同感知与风险投资网络社群形成的关系。

第六章

研究设计

上一章对风险投资网络社群形成机理的理论分析，让我们从理论层面对各影响因素如何作用于网络社群的形成有了较为系统的认识，但仅仅停留在理论层面的分析还是不够的，具体的影响结果还有待实证的检验。本章是本书承上启下的章节，主要是在上一章理论分析的基础上，为下一章的实证检验做准备工作。首先，对数据来源在第四章的基础上进一步对控制变量数据的获得做了说明；其次，介绍了解释变量、被解释变量以及控制变量的选取与测度，并对样本进行描述性统计；最后，对实证检验的统计分析方法与模型进行了介绍。

第一节 数据来源

本研究的数据来源于上文的风险投资网络社群识别与风险投资网络社群影响因素研究的结果数据。被解释变量数据来源于风险投资网络社群识别结果，而解释变量数据来源于风险投资网络社群形成影响因素的因子分析结果。社群识别与影响因素研究的样本数据，在前文相应章节已经有详细地说明。对于控制变量中，资本市场直接融资与固定资产投资比与资产证券化率的数据，来源于 2005 ~2015 年《中国统计年鉴》与 Wind 数据库。需要进一步说明的是，本部分研究的社群来自于上文应用 Girvan - Newman 算法对 2000 ~2016 年间五年移动时间窗风险投资网络社群的探测结果，一共涉及 13 个移动时间窗的 673 个社群。而解释变量互补需求、认同感知、连接整合和地理邻近变量上文中已有交代，使用机构前五年数据计算，解释变量指标实际期间包括 2004 ~ 2016 年，这与 Girvan - Newman 算法识别网络社群的 13 个移动时间窗一一对应。

第二节 变量选取与测度

一、被解释变量

风险投资网络社群度

本书所研究的是风险投资机构网络社群形成机理问题，上文首先通过 G－N 算法探测出了算法上的网络社群，然后通过凝聚性和稳定性检验，识别出现实社群。基于凝聚性和稳定性构造的综合指标：社群度，能够有效反映社群形成的程度。事实上，从中观层面视角观察，风险投资网络实际上都是由一个一个社群程度不一的风险投资机构网络空间聚集所构成的，因而探讨风险投资网络社群的形成，实际上就转换成研究各类影响因素如何影响风险投资网络社群度。由此，本书被解释变量定义为风险投资社群度，具体计算方法详见第三章第三节内容。

二、解释变量

依照上文的理论分析，本研究选取互补需求、认同感知、连接整合和地理邻近作为风险投资网络社群形成的解释变量。解释变量的测度则基于前文对风险投资网络社群形成的影响因素的因子分析的数据结果，首先计算各风险投资机构在每一主因子上的综合得分，其次，再依据不同时间窗网络社群构成状况，计算每一网络社群在每一主因子上的综合得分，具体测度如下：

（一）互补需求

对于互补需求因素，通过累计 IPO 和 M&A 数（Reputation）、累计投资轮次（Experience）、管理资金规模（Fund）、外资背景（Background）和资源接受度（Acceptability）指标对其进行综合测度。根据上文正交旋转后因素负荷矩阵表互补需求因子的负荷情况，得到每一投资机构互补需求因子的线性组合，具体而言其公式为：

$$CD = 0.911Reputation + 0.897Experience + 0.672Fund + 0.897Background + 0.913Acceptability \quad (6.1)$$

社群的互补需求因素的测度，则是在投资机构互补需求因素测度的基础上得到，具体计算公式为：

$$CD_{community} = \frac{\sum_{1}^{n} CD_i}{n} \tag{6.2}$$

其中，$CD_{community}$是指社群互补需求因素的得分；CD_i是指社群内机构 i 的互补需求因子的综合得分；n 是社群成员机构的数量。

（二）认同感知

对于认同感知因素，通过关系强度（Tiestrength）、社会重叠度（Socialoverlap）和资源交换深度（Exchange）指标对其进行综合测度。根据上文正交旋转后因素负荷矩阵表认同感知因子的负荷情况，得到每一投资机构认同感知因子的线性组合，具体而言其公式为：

$$IP = 0.802Tiestrength + 0.804Socialoverlap + 0.608Exchange \tag{6.3}$$

社群的认同感知因素的测度，则是在投资机构认同感知因素测度的基础上得到，具体计算公式为：

$$IP_{community} = \frac{\sum_{1}^{n} IP_i}{n} \tag{6.4}$$

其中，$IP_{community}$是指社群认同感知因素的得分；IP_i是指社群内机构 i 的认同感知因子的综合得分；n 是社群成员机构的数量。

（三）连接整合

对于连接整合因素，通过程度中心度（Degree）、特征向量中心度（Eigenvector）、网络的聚类系数（Cluster）和行业偏好指标（Industry）指标对其进行综合测度。根据上文正交旋转后因素负荷矩阵表连接整合因子的负荷情况，得到每一投资机构连接整合因子的线性组合，具体而言其公式为：

$$CI = 0.900Degree + 0.505Eigenvector + 0.848Cluster + 0.508Industry \tag{6.5}$$

社群的连接整合因素的测度，则是在投资机构连接整合因素测度的基础上得到，具体计算公式为：

$$CI_{community} = \frac{\sum_{1}^{n} CI_i}{n} \tag{6.6}$$

其中，$CI_{community}$是指社群连接整合因素的得分；CI_i是指社群内机构 i 的连接整合因子的综合得分；n 是社群成员机构的数量。

（四）地理邻近

对于地理邻近，通过地理距离（Geography）与行政区划（District）指标对其进行综合测度。根据上文正交旋转后因素负荷矩阵表地理邻近因子的负荷情况，得到每一投资机构地理邻近因子的线性组合，具体而言其公式为：

$$GP = 0.897Geography + 0.758District \tag{6.7}$$

社群的地理邻近因素的测度，则是在投资机构地理邻近因素测度的基础上得到，具体计算公式为：

$$GP_{community} = \frac{\sum_{1}^{n} GP_i}{n} \tag{6.8}$$

其中，$GP_{community}$是指社群地理邻近因素的得分；GP_i是指社群内机构 i 的地理邻近因子的综合得分；n 是社群成员机构的数量。

三、控制变量

为准确研究各主要影响因素与风险投资网络社群形成的关系，还需要对影响网络社群形成的其他因素进行控制。通过对现有文献的梳理，本书主要从风险投资机构其他特征与资本市场环境两方面，引入控制变量。首先，在风险投资机构特征方面。结合前文的论述，控制变量选择投资阶段（Cumming 和 MacIntosh，2001）[137]、机构年龄（Dimov 和 Milanov，2010；Tian，2012）[119,179]、风险投资机构募资能力（Kaplan 和 Schoar，2004）[183]指标，同时考虑到以上指标主要是针对单个机构进行测度，因而本书在使用时，通过社群成员均值化处理为社群指标。Kräussl 和 Krause（2014）[246]利用欧洲的风险投资数据进行研究，发现市场条件会显著影响到风险投资的聚集。Ahlstrom 等（2006）[247]认为，新型市场化国家风险投资机构“抱团”的非正式制度的形式事实上是对国家较差资本市场环境的反映，用风险投资网络的形成来弥补或替代正式制度的缺乏。因而，根据现有对资本市场环境测度的通行做法，选择资本市场直接融资与固定资产投资比（刘伟和王汝芳，2006）[248]、资产证券化率（Nahata 等，2014）[249]指标来控制资本制度环境的影响，其相关测度数据来源于历年《中国统计年鉴》与 Wind 数据库。此外还需考虑时间的固定效应，故文中还加入年度虚拟变量。

被解释变量、解释变量和控制变量的具体选择与测度详见表 6－1。

表 6－1　　变量定义与测度

变量名称	变量符号	测度
被解释变量		
风险投资机构网络社群度	Q	应用前文风险投资网络社群度测度模型计算的网络社群度
解释变量		
互补需求	CD	社群的累计 IPO 和 M&A 数、累计投资轮次、管理资金规模、外资背景和资源接受度指标的综合测度
认同感知	IP	社群的关系强度、社会重叠度、资源交换深度指标的综合测度
连接整合	CI	社群的程度中心度、特征向量中心度、网络的聚类系数、行业偏好指标的综合测度
地理邻近	GP	社群的地理距离与行政区划指标的综合测度
控制变量		
投资阶段	Stage	社群成员机构累计投资风险企业数中，处于初创期或成长期发展阶段的风险企业的比例。
机构年龄	Age	社群成员机构年龄均值的自然对数。
机构募资能力	Financing	社群成员机构最近成立的基金年龄均值的自然对数。
资本市场直接融资与固定资产投资比	Finaratio	（企业债券社会融资规模＋境内股票筹资额）/全社会固定资产投资总额。
资产证券化率	Securatio	股票市场总市值/国内生产总值
年度虚拟变量	Year	以 2004 为基准，移动时间窗样本社群属于第 t 年时取 1，否则取 0

第三节 样本描述

样本描述性统计主要针对理论模型中的自变量、因变量、调节变量、中介变量和控制变量等进行描述性的统计指标分析。本研究采用学术界惯常使用的极大值、极小值、均值、标准差以及各个变量之间的相关系数指标来描述样本数据。

表 6 -2 给出了本部分主要研究变量的描述性统计结果。从互补需求、认同感知、连接整合和地理邻近四个解释变量来看，互补需求、认同感知和连接整合数据分布的绝对离差都相对较大，这是由于个别极端值的出现所导致的还是事实如此，还需要在随后的实证研究中加以关注，并做相应的稳定性检验。从投资阶段的分布来看，样本中被投风险企业处于初创期或成长期发展阶段的比例为 43. 1% ，大体上符合当前我国风险投资业发展特征。

表 6 -2　　变量描述性统计

指标	极大值	极小值	均值	标准差
Q	0. 526	0. 203	0. 394	0. 129
CD	130. 520	1. 125	14. 484	14. 099
IP	5. 778	0. 078	2. 543	3. 157
CI	51. 201	1. 063	5. 260	6. 640
GP	9. 049	1. 249	5. 144	2. 743
Stage	0. 812	0. 263	0. 431	0. 163
Age	5. 088	0	2. 701	2. 873
Financing	7. 99	1. 249	2. 835	0. 761
Finaratio	0. 113	0. 025	0. 051	0. 030
Securatio	1. 211	0. 173	0. 401	0. 245

相关性分析的目的是初步检查指标之间线性关系的强弱程度和方向。本书使用 SPSS 13. 0，将模型中变量进行 Pearson 相关分析。表 6 -3 给出了本部分主要研究变量间相关系数矩阵。表中显示，本部分的主要研究变量互补需求、认同感知、连接整合、地理邻近与网络社群度之间均具有正相关关系，均与研究假设相一致，但相关系数矩阵的主要作用在于直观地显示样本数据，而非用

于对总体的推断，且相关系数仅仅是两个变量间的关系，忽略了对其他因素影响的考虑，因而仅能作为一种参考。

表 6－3 Pearson 相关矩阵

指标	1	2	3	4	5	6	7	8	9
Q	1								
CD	0.056**	1							
IP	0.043***	-0.022	1						
CI	0.103**	-0.004	0.194	1					
GP	0.009*	-0.010	-0.081	0.057	1				
Stage	0.737**	-0.021*	-0.026**	0.104***	-0.008	1			
Age	-0.2139*	0.253***	-0.004	-0.220***	0.060***	-0.234***	1		
Financing	-0.077	0.295***	0.001	-0.051***	-0.009	-0.112	0.364	1	
Finaratio	-0.152**	-0.011	-0.069***	-0.276***	0.100***	-0.160***	0.420***	0.155***	1
Securatio	0.033*	-0.226***	0.002	0.142***	-0.013	0.104***	-0.455***	-0.332***	-0.235***

注：*** 表示在 1% 水平内显著，** 表示在 5% 水平内显著，* 表示在 10% 水平内显著。

第四节 统计分析方法与模型

一、中介效应检验

中介效应是指变量 X 与变量 Y 之间存在一定的关系，但不是直接的由 X 导致 Y 的变动，而是通过一个或多个中间变量 M 的间接作用来产生，那么 X 通过 M 作用于 Y 的间接影响作用为中介效应，而 M 则为中介变量。

中介效应的检验实践中常用分步回归法进行：第一步，检验方程，

$$Y = cx + e_1 \tag{6.9}$$

如果系数 c 显著，则继续检验方程：

$$M = ax + e_2 \tag{6.10}$$

如果系数 c 不显著，则停止中介效应检验。第二步，在系数 c 显著性检验

通过后，继续检验方程 $M = ax + e_2$（6.10），如果系数 a 显著，则继续检验方程：

$$Y = c'x + bM + e_3 \tag{6.11}$$

如果 a 不显著，则停止中介效应检验。第三步，在上述两方程都通过显著性检验后，检验方程

$$Y = c'x + bM + e_3 \tag{6.12}$$

检验 b 的显著性，若 b 显著，则表明中介效应显著。再观察 c′的显著性，若 c′显著，即是有部分中介效应存在；若不显著，即是存在完全中介效应。

二、调节效应检验

若变量 X 与变量 Y 之间的关系与变量 M 之间存在函数关系，那么 M 就调节 X 与 Y 之间的关系，M 就为调节变量。

在做调节效应分析时，一般要求将自变量和调节变量做中心化处理。本书主要考虑最为常用的调节效应模型，若 X 与 Y 有如下关系：

$$Y = aX + bM + cXM + e \tag{6.13}$$

可以把上式改写为：

$$Y = bM + (a + cM)X + e \tag{6.14}$$

回归系数 a + cM 刻画了 Y 与 X 之间的关系，c 衡量了调节效应的大小。

三、有调节的中介效应检验

若模型中除了被解释变量和解释变量外，有可能涉及多个第三变量，可能既包括中介变量又包括调节变量。模型因这些变量所出现的位置不同而不同，其检验方法也有所不同。本书涉及有调节的中介效应模型。

接上文，X、M 和 Y 三个变量组成中介效应模型，设 W 为调节变量，调节 M 到 Y 的中介效应，这二者就构成了有调节的中介效应模型，该模型的回归检验步骤如下：

第一步，做 Y 对 X 和 W 的回归

$$Y = cX + b_2W + e_1 \tag{6.15}$$

X 的系数 c 显著；

第二步，做 M 对 X 的回归

$$M = a_1X + e_2 \tag{6.16}$$

X 的系数 a_1 显著；

第三步，做 Y 对 X、M 和 W 的回归

$$Y = c'X + b_1M + b_2'W + e_3 \tag{6.17}$$

M 的系数 b_1 显著，说明 M 的中介效应显著；

第四步，做 Y 对 X、M、W 和 MW 的回归

$$Y = c''X + b_1'M + b_2''W + b_3MW + e_3 \tag{6.18}$$

MW 的系数 b_3 显著。

实际上，对有调节的中介效应的检验，是先检验中介效应，中介效应通过检验后再检验中介效应受调节变量调节的效应。由此，有调节的中介是指中介变量 M 对自变量与因变量之间关系的中介效应还取决于调节变量 W 的取值。

四、回归模型设定

由于本书被解释变量“风险投资网络社群度”为连续的数值变量，因此研究选用多元线性回归模型，具体的模型设定如下：

直接效应模型：

$$Q_i = \alpha + \beta CD_i + \gamma_1 Stage_i + \gamma_2 Age_i + \gamma_3 Financing_i + \gamma_4 Finaratio_i + \gamma_5 Securatio_i + \sum_l \lambda_l Year_{il} + \varepsilon_i \tag{6.19}$$

$$Q_i = \alpha + \beta CI_i + \gamma_1 Stage_i + \gamma_2 Age_i + \gamma_3 Financing_i + \gamma_4 Finaratio_i + \gamma_5 Securatio_i + \sum_l \lambda_l Year_{il} + \varepsilon_i \tag{6.20}$$

$$Q_i = \alpha + \beta IP_i + \gamma_1 Stage_i + \gamma_2 Age_i + \gamma_3 Financing_i + \gamma_4 Finaratio_i + \gamma_5 Securatio_i + \sum_l \lambda_l Year_{il} + \varepsilon_i \tag{6.21}$$

$$Q_i = \alpha + \beta_1 CD_i + \beta_2 CI_i + \gamma_1 Stage_i + \gamma_2 Age_i + \gamma_3 Financing_i + \gamma_4 Finaratio_i + \gamma_5 Securatio_i + \sum_l \lambda_l Year_{il} + \varepsilon_i \tag{6.22}$$

$$Q_i = \alpha + \beta_1 CD_i + \beta_2 CI_i + \beta_3 IP_i + \gamma_1 Stage_i + \gamma_2 Age_i + \gamma_3 Financing_i + \gamma_4 Finaratio_i + \gamma_5 Securatio_i + \sum_l \lambda_l Year_{il} + \varepsilon_i \tag{6.23}$$

$$IP_i = \alpha + \beta CD_i + \gamma_1 Stage_i + \gamma_2 Age_i + \gamma_3 Financing_i + \gamma_4 Finaratio_i + \gamma_5 Securatio_i + \sum_l \lambda_l Year_{il} + \varepsilon_i \tag{6.24}$$

$$IP_i = \alpha + \beta CI_i + \gamma_1 Stage_i + \gamma_2 Age_i + \gamma_3 Financing_i + \gamma_4 Finaratio_i + \gamma_5 Securatio_i + \sum_l \lambda_l Year_{il} + \varepsilon_i \tag{6.25}$$

$$IP_i = \alpha + \beta CD_i + \beta CI_i + \gamma_1 Stage_i + \gamma_2 Age_i + \gamma_3 Financing_i + \gamma_4 Finaratio_i + \gamma_5 Securatio_i + \sum_l \lambda_l Year_{il} + \varepsilon_i \tag{6.26}$$

认同感知的中介效应模型：

$$Q_i = \alpha + \beta CD_i + \gamma_1 Stage_i + \gamma_2 Age_i + \gamma_3 Financing_i + \gamma_4 Finaratio_i + \gamma_5 Securatio_i + \sum_l \lambda_l Year_{il} + \varepsilon_i \tag{6.27}$$

$$Q_i = \alpha + \beta CI_i + \gamma_1 Stage_i + \gamma_2 Age_i + \gamma_3 Financing_i + \gamma_4 Finaratio_i + \gamma_5 Securatio_i + \sum_l \lambda_l Year_{il} + \varepsilon_i \tag{6.28}$$

$$Q_i = \alpha + \beta_1 CD_i + \beta_2 CI_i + \gamma_1 Stage_i + \gamma_2 Age_i + \gamma_3 Financing_i + \gamma_4 Finaratio_i + \gamma_5 Securatio_i + \sum_l \lambda_l Year_{il} + \varepsilon_i \tag{6.29}$$

$$IP_i = \alpha + \beta CD_i + \gamma_1 Stage_i + \gamma_2 Age_i + \gamma_3 Financing_i + \gamma_4 Finaratio_i + \gamma_5 Securatio_i + \sum_l \lambda_l Year_{il} + \varepsilon_i \tag{6.30}$$

$$IP_i = \alpha + \beta CI_i + \gamma_1 Stage_i + \gamma_2 Age_i + \gamma_3 Financing_i + \gamma_4 Finaratio_i + \gamma_5 Securatio_i + \sum_l \lambda_l Year_{il} + \varepsilon_i \tag{6.31}$$

$$IP_i = \alpha + \beta_1 CD_i + \beta_2 CI_i + \gamma_1 Stage_i + \gamma_2 Age_i + \gamma_3 Financing_i + \gamma_4 Finaratio_i + \gamma_5 Securatio_i + \sum_l \lambda_l Year_{il} + \varepsilon_i \tag{6.32}$$

$$Q_i = \alpha + \beta_1 CD_i + \beta_2 IP_i + \gamma_1 Stage_i + \gamma_2 Age_i + \gamma_3 Financing_i + \gamma_4 Finaratio_i + \gamma_5 Securatio_i + \sum_l \lambda_l Year_{il} + \varepsilon_i \tag{6.33}$$

$$Q_i = \alpha + \beta_1 CI_i + \beta_2 IP_i + \gamma_1 Stage_i + \gamma_2 Age_i + \gamma_3 Financing_i + \gamma_4 Finaratio_i +$$

$$\gamma_5 Securatio_i + \sum_l \lambda_l Year_{il} + \varepsilon_i \tag{6.34}$$

$$Q_i = \alpha + \beta_1 CD_i + \beta_2 CI_i + \beta_3 IP_i + \gamma_1 Stage_i + \gamma_2 Age_i + \gamma_3 Financing_i + \gamma_4 Finaratio_i + \gamma_5 Securatio_i + \sum_l \lambda_l Year_{il} + \varepsilon_i \tag{6.35}$$

地理邻近的调节效应模型

$$Q_i = \alpha + \beta_1 CD_i + \beta_2 CI_i + \beta_3 GP_i + \gamma_1 Stage_i + \gamma_2 Age_i + \gamma_3 Financing_i + \gamma_4 Finaratio_i + \gamma_5 Securatio_i + \sum_l \lambda_l Year_{il} + \varepsilon_i \tag{6.36}$$

$$IP_i = \alpha + \beta_1 CD_i + \beta_2 CI_i + \gamma_1 Stage_i + \gamma_2 Age_i + \gamma_3 Financing_i + \gamma_4 Finaratio_i + \gamma_5 Securatio_i + \sum_l \lambda_l Year_{il} + \varepsilon_i \tag{6.37}$$

$$Q_i = \alpha + \beta_1 CD_i + \beta_2 CI_i + \beta_3 IP_i + \beta_4 GP_i + \gamma_1 Stage_i + \gamma_2 Age_i + \gamma_3 Financing_i + \gamma_4 Finaratio_i + \gamma_5 Securatio_i + \sum_l \lambda_l Year_{il} + \varepsilon_i \tag{6.38}$$

$$Q_i = \alpha + \beta_1 CD_i + \beta_2 CI_i + \beta_3 IP_i + \beta_4 GP_i + \beta_5 IP_i GP_i + \gamma_1 Stage_i + \gamma_2 Age_i + \gamma_3 Financing_i + \gamma_4 Finaratio_i + \gamma_5 Securatio_i + \sum_l \lambda_l Year_{il} + \varepsilon_i \tag{6.39}$$

第五节　小结

本章首先对研究样本数据的采集与整理进行了介绍，之后对被解释变量和解释变量的界定与测度进行了论述，并对控制变量的选取依据与测度方法进行了说明，然后对样本数据进行描述性统计并计算变量间 Pearson 相关矩阵，最后将实证检验所使用的统计分析方法加以简要的介绍，并给出了实证检验具体的多元回归模型。

第七章

实证检验与结果讨论

本章运用回归分析法，基于我国风险资本市场的投资事件数据，对第五章提出的研究假设进行实证检验，并对检验结果进行讨论。具体而言，本章内容分为四个部分：第一部分检验直接效应，包括互补需求对网络社群形成、连接整合对网络社群形成、互补需求对认同感知、连接整合对认同感知和认同感知对网络社群形成的影响；第二部分对中介效应的检验，包括认同感知对互补需求与网络社群形成之间关系的影响、认同感知对连接整合与网络社群形成之间关系的影响；第三部分调节效应的检验，检验地理邻近对认同感知与网络社群形成间的调节关系；第四部分对模型进行稳定性检验。

第一节 直接效应检验

本小结内容检验研究模型中变量间关系的直接效应。为了避免由于量纲的差异而导致变量间的多重共线性，先对变量指标进行标准化处理以后再进行检验。由于在直接效应检验中，涉及网络社群形成与认同感知两个因变量，因而分别从两方面来进行检验：首先是互补需求、连接整合和认同感知对网络社群形成的直接效应检验；其次是互补需求和连接整合对认同感知的直接效应检验。

一、互补需求、连接整合、认同感知与网络社群形成

（一）互补需求与网络社群形成

检验采用逐步回归法分两步进行，结果见表7-1模型1、模型2所示。第

一步是只包含控制变量的模型（表 7-1 模型 1），回归结果显示投资阶段（系数为 $\beta=0.815$，$P<0.05$），与网络社群的形成存在显著的正相关关系；机构年龄（系数为 $\beta=1.505$，$P<0.1$），与网络社群的形成存在部分的正相关关系；直接融资与固定投资比（系数为 $\beta=0.886$，$P<0.05$），与网络社群的形成存在显著的正相关关系；资产证券化率（系数为 $\beta=0.923$，$P<0.01$），与网络社群的形成存在显著的正相关关系；其他的控制变量的影响均没有通过统计学上的显著性检验。

第二步是在控制变量的基础之上加入互补需求变量的模型（表 7-1 模型 2）。回归结果表明，互补需求与网络社群形成之间存在显著的正相关关系（系数为 $\beta=0.741$，$P<0.01$），说明风险投资机构间互补需求越强，风险投资网络社群形成的可能性越大。该模型中，投资阶段（系数为 $\beta=0.882$，$P<0.05$），与网络社群的形成存在显著的正相关关系；机构年龄（系数为 $\beta=1.515$，$P<0.05$），与网络社群的形成存在部分的正相关关系；直接融资与固定投资比（系数为 $\beta=0.138$，$P<0.1$），与网络社群的形成存在显著的正相关关系；资产证券化率（系数为 $\beta=0.853$，$P<0.05$），与网络社群的形成存在显著的正相关关系。其他的控制变量的影响均没有通过统计学上的显著性检验。

综合以上分析，假设 1 得以验证。

（二）连接整合与网络社群形成

检验采用逐步回归法进行，结果见表 7-1 模型 1、模型 3、模型 4 所示。第一步是只包含控制变量的模型（表 7-1 模型 1），上文已有说明，不再赘述。

第二步是在控制变量的基础之上加入连接整合变量的模型（表 7-1 模型 3）。回归结果表明，连接整合与网络社群形成之间存在显著的正相关关系（系数为 $\beta=0.239$，$P<0.01$），说明风险投资机构连接整合因素，显著促进了风险投资网络社群的形成。该模型中，投资阶段（系数为 $\beta=0.184$，$P<0.1$），与网络社群的形成存在显著的正相关关系；机构年龄（系数为 $\beta=1.357$，$P<0.05$），与网络社群的形成存在部分的正相关关系；直接融资与固定投资比（系数为 $\beta=0.355$，$P<0.01$），与网络社群的形成存在显著的正相关关系；资产证券化率（系数为 $\beta=0.669$，$P<0.05$），与网络社群的形成存在显著的正相关关系。其他的控制变量的影响均没有通

过统计学上的显著性检验。

为了更为稳健地表明连接整合与网络社群形成的关系，还需作第三步回归分析。第三步是在模型 2 的基础之上加入连接整合变量的模型（表 7-1 模型 4)。回归结果表明，互补需求与网络社群形成之间存在显著的正相关关系（系数为 $\beta=0.802$，$P<0.01$)，连接整合与网络社群形成之间存在显著的正相关关系（系数为 $\beta=0.064$，$P<0.01$)，说明互补需求因素与连接整合因素并存情况下，二者都显著地促进了风险投资网络社群的形成。该模型中，投资阶段（系数为 $\beta=0.799$，$P<0.05$)，与网络社群的形成存在显著的正相关关系；机构年龄（系数为 $\beta=1.782$，$P<0.1$)，与网络社群的形成存在部分的正相关关系；直接融资与固定投资比（系数为 $\beta=0.470$，$P<0.05$)，与网络社群的形成存在显著的正相关关系；资产证券化率（系数为 $\beta=0.209$，$P<0.05$)，与网络社群的形成存在显著的正相关关系。其他的控制变量的影响均没有通过统计学上的显著性检验。

综合以上分析，假设 2 得以验证。

（三）认同感知与网络社群形成

检验采用逐步回归法进行，结果见表 7-1 模型 1、5、6 所示。第一步是只包含控制变量的模型（表 7-1 模型 1)，上文已有说明，不再赘述。

第二步是在控制变量的基础之上加入认同感知变量的模型（表 7-1 模型 5)。回归结果表明，认同感知与网络社群形成之间存在显著的正相关关系（系数为 $\beta=0.600$，$P<0.01$)，说明风险投资机构认同感知因素，能够有效促进风险投资网络社群的形成。该模型中，投资阶段（系数为 $\beta=0.697$，$P<0.1$)，与网络社群的形成存在显著的正相关关系；机构年龄（系数为 $\beta=1.701$，$P<0.1$)，与网络社群的形成存在部分的正相关关系；直接融资与固定投资比（系数为 $\beta=0.849$，$P<0.1$)，与网络社群的形成存在显著的正相关关系；资产证券化率（系数为 $\beta=0.269$，$P<0.01$)，与网络社群的形成存在显著的正相关关系。其他的控制变量的影响均没有通过统计学上的显著性检验。

为了更为稳健地表明认同感知与网络社群形成的关系，还需作第三步回归分析。第三步是在模型 4 的基础之上加入认同感知变量的模型（表 7-1 模型 6)。回归结果表明，互补需求与网络社群形成之间存在显著的正相关关系

表 7-1 互补需求、连接整合和认同感知对风险投资网络社群形成影响的 OLS 模型回归结果

变量	模型 1		模型 2		模型 3		模型 4		模型 5		模型 6	
	系数	标准误	系数	标准误	系数	标准误	系数	标准误	系数	标准误	系数	标准误
投资阶段	0.815**	0.670	0.882**	0.778	0.184*	0.020	0.799**	0.426	0.697*	0.887	0.759**	0.221
机构年龄	1.505*	0.088	1.515**	0.741	1.357**	0.876	1.782*	0.977	1.701*	0.085	1.115*	0.608
机构募资能力	0.677	0.596	0.502	0.623	-0.170	0.257	-0.952	0.623	0.308	0.625	0.300	0.025
直接融资与固定投资比	0.886**	0.157	0.138*	0.694	0.355***	0.760	0.470**	0.824	0.849*	0.812	0.313**	0.410
资产证券化率	0.923***	0.809	0.853**	0.157	0.669**	0.684	0.209**	0.882	0.269***	0.181	-0.127	0.140
互补需求			0.741***	0.374			0.802***	0.937			0.092**	0.954
连接整合					0.239***	0.340	0.064***	0.823			0.500*	0.780
认同感知									0.600***	0.995	0.436***	0.328
年份固定效应	控制		控制		控制		控制		控制		控制	
样本量	673		673		673		673		673		673	
F 检验值	22.876***		34.987***		43.901***		76.990***		38.118***		110.981***	
Adj R^2	0.321		0.441		0.438		0.633		0.411		0.731	

注："*""**""***"分别表示 10%、5% 和 1% 的显著水平。

（系数为 $\beta = 0.092$，$P < 0.05$），连接整合与网络社群形成之间存在显著的正相关关系（系数为 $\beta = 0.500$，$P < 0.1$），认同感知与网络社群形成之间存在显著的正相关关系（系数为 $\beta = 0.436$，$P < 0.01$），说明互补需求因素、连接整合因素、认同感知因素并存情况下，三者都同时显著地促进了风险投资网络社群的形成。该模型中，投资阶段（系数为 $\beta = 0.759$，$P < 0.05$），与网络社群的形成存在显著的正相关关系；机构年龄（系数为 $\beta = 1.115$，$P < 0.1$），与网络社群的形成存在部分的正相关关系；直接融资与固定投资比（系数为 $\beta = 0.313$，$P < 0.05$），与网络社群的形成存在显著的正相关关系。其他的控制变量的影响均没有通过统计学上的显著性检验。

综合以上分析，假设3得以验证。

二、互补需求、连接整合与认同感知

（一）互补需求与认同感知

检验采用逐步回归法分两步进行，结果见表7-2模型7、模型8所示。第一步是只包含控制变量的模型（表7-2模型7），回归结果显示投资阶段（系数为 $\beta = 0.919$，$P < 0.01$），与认同感知存在显著的正相关关系；机构募资能力（系数为 $\beta = 0.327$，$P < 0.05$），与认同感知存在部分的正相关关系；直接融资与固定投资比（系数为 $\beta = 0.212$，$P < 0.1$），与认同感知存在显著的正相关关系；资产证券化率（系数为 $\beta = 0.006$，$P < 0.05$），与认同感知存在显著的正相关关系；其他的控制变量的影响均没有通过统计学上的显著性检验。

第二步是在控制变量的基础之上加入互补需求变量的模型（表7-2模型8）。回归结果表明，互补需求与认同感知之间存在显著的正相关关系（系数为 $\beta = 0.051$，$P < 0.01$），说明风险投资机构间互补需求越强，风险投资机构间认同感知越。该模型中，投资阶段（系数为 $\beta = 0.447$，$P < 0.05$），与认同感知存在显著的正相关关系；机构募资能力（系数为 $\beta = 0.905$，$P < 0.05$），与认同感知存在部分的正相关关系；直接融资与固定投资比（系数为 $\beta = 0.242$，$P < 0.1$），与认同感知存在显著的正相关关系；其他的控制变量的影响均没有通过统计学上的显著性检验。

综合以上分析，假设4得以验证。

（二）连接整合与认同感知

检验采用逐步回归法进行，结果见表7－2模型7、模型9、模型10所示。第一步是只包含控制变量的模型（表7－2模型7），上文已有说明，不再赘述。

第二步是在控制变量的基础之上加入连接整合变量的模型（表7－2模型9）。回归结果表明，连接整合与认同感知之间存在显著的正相关关系（系数为β＝0.057，P＜0.01），说明风险投资机构连接整合因素，能够有效促进风险投资机构间认同感知的形成。该模型中，投资阶段（系数为β＝0.807，P＜0.05），与认同感知存在显著的正相关关系；直接融资与固定投资比（系数为β＝0.508，P＜0.1），与认同感知存在显著的正相关关系；资产证券化率（系数为β＝0.719，P＜0.05），与认同感知存在显著的正相关关系；其他的控制变量的影响均没有通过统计学上的显著性检验。

为了更为稳健地表明连接整合与认同感知的关系，还需作第三步回归分析。第三步是在模型9的基础之上加入互补需求变量的模型（表7－2模型10）。回归结果表明，互补需求与认同感知之间存在显著的正相关关系（系数为β＝0.266，P＜0.01），连接整合与认同感知之间存在显著的正相关关系（系数为β＝0.136，P＜0.01），说明互补需求因素和连接整合因素并存情况下，二者都能够显著促进风险投资机构间认同感知的形成。该模型中，投资阶段（系数为β＝0.403，P＜0.05），与认同感知存在显著的正相关关系；直接融资与固定投资比（系数为β＝0.642，P＜0.1），与认同感知存在显著的正相关关系；资产证券化率（系数为β＝0.075，P＜0.1），与认同感知存在显著的正相关关系；其他的控制变量的影响均没有通过统计学上的显著性检验。

综合以上分析，假设5得以验证。

表7－2 互补需求和连接整合对认同感知影响的OLS模型回归结果

变量	模型7		模型8		模型9		模型10	
	系数	标准误	系数	标准误	系数	标准误	系数	标准误
投资阶段	0.919**	0.846	0.447**	0.379	0.807**	0.741	0.403**	0.974
机构年龄	－0.139	0.287	－0.890	0.038	－0.915	0.899	－0.282	0.426
机构募资能力	0.327**	0.453	0.905**	0.494	－0.024	0.251	－0.017	0.163

续表

变量	模型 7		模型 8		模型 9		模型 10	
	系数	标准误	系数	标准误	系数	标准误	系数	标准误
直接融资与固定投资比	0.212*	0.960	0.242*	0.069	0.508*	0.587	0.642*	0.512
资产证券化率	0.006**	0.826	-0.014	0.786	0.719**	0.481	0.075*	0.900
互补需求			0.051***	0.508			0.266***	0.470
连接整合					0.057***	0.998	0.136***	0.164
年份固定效应	控制		控制		控制		控制	
样本量	673		673		673		673	
F 检验值	102.215***		129.800***		157.636***		205.427***	
Adj R^2	0.251		0.469		0.361		0.546	

注："*""**""***"分别表示10%、5%和1%的显著水平。

第二节 认同感知的中介效应检验

本小结检验认同感知的中介效应。从两个方面展开，一是认同感知在互补需求与网络社群形成间关系的中介影响；二是认同感知在连接整合与网络社群形成间关系的中介影响。

一、认同感知在互补需求与网络社群形成间的影响

检验分四步进行，第一步是只包含控制变量的模型（表 7－1 模型 1），上文已有说明，不再赘述。第二步是检验互补需求与网络社群形成的关系，上文表 7－1 模型 2 中已检验，显示二者呈现显著的正相关关系（互补需求系数为 $\beta=0.741$，$P<0.01$）。在第二步检验显著的基础上，进行第三步检验，验证互补需求对认同感知的影响作用，前文表 7－2 模型 8 已经做了检验，显示二者存在显著正相关关系（互补需求系数为 $\beta=0.051$，$P<0.01$）。然后进行第四步检验，在表 7－1 模型 2 的基础上加入认同感知变量（表 7－3 模型 11），回归结果表明，互补需求的回归系数变为 0.381（$P<0.01$），系数显著，但比在表 7－1 模型 2 中有所减少，而认同感知的

回归系数为0.939（P<0.01），同样显著，这表明认同感知在互补需求与网络社群形成间起着部分中介的作用。该模型中，投资阶段（系数为β=0.937，P<0.01），与网络社群的形成存在显著的正相关关系；机构年龄（系数为β=1.247，P<0.1），与网络社群的形成存在部分的正相关关系；直接融资与固定投资比（系数为β=0.373，P<0.05），与网络社群的形成存在显著的正相关关系；资产证券化率（系数为β=0.545，P<0.05），与网络社群的形成存在显著的正相关关系。其他的控制变量的影响均没有通过统计学上的显著性检验。

综合以上分析，假设6a得以验证。

二、认同感知在连接整合与网络社群形成间的影响

检验分四步进行，第一步是只包含控制变量的模型（表7-1模型1），上文已有说明，不再赘述。第二步是检验连接整合与网络社群形成的关系，上文表7-1模型3中已检验，显示二者呈现显著的正相关关系（连接整合系数为β=0.239，P<0.01）。在第二步检验显著的基础上，进行第三步检验，验证连接整合对认同感知的影响作用，前文表7-2模型9已经做了检验，显示二者存在显著正相关关系（连接整合系数为β=0.057，P<0.01）。然后进行第四步检验，在表7-1模型3的基础上加入认同感知变量（表7-3模型12），回归结果表明，连接整合的回归系数变为0.029（P<0.05）系数显著，但比在表7-1模型3中有所减少，而认同感知的回归系数为0.416（P<0.01）同样显著，这表明认同感知在连接整合与网络社群形成间起着部分中介的作用。该模型中，投资阶段（系数为β=0.633，P<0.01），与网络社群的形成存在显著的正相关关系；机构募资能力（系数为β=0.030，P<0.1），与网络社群的形成存在部分的正相关关系；直接融资与固定投资比（系数为β=0.013，P<0.05），与网络社群的形成存在显著的正相关关系；资产证券化率（系数为β=0.875，P<0.05），与网络社群的形成存在显著的正相关关系；其他的控制变量的影响均没有通过统计学上的显著性检验。

综合以上分析，假设6b得以验证。

表 7 – 3　　认同感知的中介效应检验

变量	模型 11		模型 12	
	系数	标准误	系数	标准误
投资阶段	0.937 ***	0.359	0.633 ***	0.594
机构年龄	1.247 *	0.572	–0.654	0.680
机构募资能力	–0.892	0.757	0.030 *	0.910
直接融资与固定投资比	0.373 **	0.041	0.013 **	0.509
资产证券化率	0.545 **	0.935	0.875 **	0.917
互补需求	0.381 ***	0.327		
连接整合			0.029 **	0.268
认同感知	0.939 ***	0.921	0.416 ***	0.670
年份固定效应	控制		控制	
样本量	673		673	
F 检验值	78.998 ***		85.187 ***	
Adj R^2	0.268		0.477	

注："*""**""***"分别表示 10%、5% 和 1% 的显著水平。

第三节

地理邻近的调节效应检验

根据前文第六章对统计分析方法与模型的介绍，带有调节的中介效应检验，是首先检验中介效应是否显著，然后再检验中介效应受调节变量调节的效应。按照如下步骤进行，第一步是只包含控制变量的模型（表 7 – 1 模型 1），上文已有说明，不再赘述。

第二步是将互补需求、连接整合和调节变量地理邻近加入模型中（表 7 – 4 模型 13），回归结果表明，互补需求的回归系数为 0.424（$P<0.01$）系数显著，连接整合回归系数为 0.333（$P<0.05$）系数显著，地理邻近回归系数为 0.503（$P<0.1$）系数显著。该模型中，投资阶段（系数为 $\beta=0.201$，$P<0.05$），与网络社群的形成存在显著的正相关关系；机构年龄（系数为

$\beta = 1.534$，$P < 0.1$），与网络社群的形成存在部分的正相关关系；机构募资能力（系数为 $\beta = 0.797$，$P < 0.05$），与网络社群的形成存在显著的正相关关系；资产证券化率（系数为 $\beta = 0.601$，$P < 0.05$），与网络社群的形成存在显著的正相关关系。其他的控制变量的影响均没有通过统计学上的显著性检验。

第三步是验证互补需求和连接整合对认同感知的影响作用，前文表7－2模型10已经做了检验，显示互补需求（系数为 $\beta = 0.266$，$P < 0.01$）和连接整合（系数为 $\beta = 0.136$，$P < 0.01$）均对认同感知存在显著正向促进。

第四步是在表7－4模型13的基础上，加入认同感知（表7－4模型14），回归结果表明，互补需求的回归系数为0.109（$P < 0.1$）系数显著，连接整合回归系数为0.137（$P < 0.05$）系数显著，认同感知的回归系数为0.312（$P < 0.01$）系数显著，地理邻近回归系数为0.250（$P < 0.05$）系数显著。这表明调节变量加入以后，认同感知依然起着显著的中介效应。该模型中，投资阶段（系数为 $\beta = 0.771$，$P < 0.05$），与网络社群的形成存在显著的正相关关系；机构年龄（系数为 $\beta = 1.637$，$P < 0.05$），与网络社群的形成存在部分的正相关关系；资产证券化率（系数为 $\beta = 0.395$，$P < 0.05$），与网络社群的形成存在显著的正相关关系。其他的控制变量的影响均没有通过统计学上的显著性检验。

第五步是在表7－4模型14的基础上，加入认同感知与地理邻近的乘积项（表7－4模型15），回归结果表明，互补需求的回归系数为0.478（$P < 0.05$）系数显著，连接整合回归系数为0.085（$P < 0.1$）系数显著，认同感知的回归系数为0.649（$P < 0.01$）系数显著，地理邻近回归系数为0.076（$P < 0.1$）系数显著，认同感知与地理邻近的乘积项系数为－0.030（$P > 0.10$）存在不显著的负向关系，这说明地理邻近虽然负向调节着认同感知与网络社群形成的关系，但不显著。该模型中，投资阶段（系数为 $\beta = 0.261$，$P < 0.05$），与网络社群的形成存在显著的正相关关系；直接融资与固定投资比（系数为 $\beta = 0.776$，$P < 0.05$），与网络社群的形成存在显著的正相关关系；资产证券化率（系数为 $\beta = 1.005$，$P < 0.01$），与网络社群的形成存在显著的正相关关系。其他的控制变量的影响均没有通过统计学上的显著性检验。

综合以上分析，假设7未能通过验证。

表7-4　　地理邻近的调节效应检验

变量	模型13		模型14		模型15	
	系数	标准误	系数	标准误	系数	标准误
投资阶段	0.201**	0.732	0.771**	0.696	0.261**	0.529
机构年龄	1.534*	0.649	1.637**	0.239	0.877	0.490
机构募资能力	0.797**	0.841	-0.120	0.746	0.095	0.561
直接融资与固定投资比	-0.136	0.298	-0.057	0.958	0.776**	0.814
资产证券化率	0.601**	0.432	0.395**	0.012	1.005***	0.694
互补需求	0.424***	0.009	0.109*	0.024	0.478**	0.642
连接整合	0.333**	0.066	0.137**	0.705	0.085*	0.194
认同感知			0.312***	0.848	0.649***	0.305
地理邻近	0.503*	0.098	0.250**	0.923	0.076*	0.650
认同感知×地理邻近					-0.030	0.010
年份固定效应	控制		控制		控制	
样本量	673		673		673	
F检验值	77.123		81.790		101.002	
Adj R^2	0.653		0.768		0.713	

注："*""**""***"分别表示10%、5%和1%的显著水平。

第四节 稳健性检验

通过本部分的稳健性检验来验证研究结论的可靠性。稳健性检验从两个方面展开，首先，极端值处理。若收集的样本数据中极端值往往会干扰我们的研究，甚至影响到结论的可信度，因而为规避极端值的影响，采用学术界通行做法，对样本所有连续变量数据进行1%和99%的缩尾处理（Winsorize），并重新对以上模型进行回归。缩尾处理后回归检验结果见表7-5、表7-6、表7-7和表7-8。

表 7－5 互补需求、连接整合和认同感知对风险投资网络社群形成影响的 OLS 模型回归结果（缩尾处理后）

变量	模型 1		模型 2		模型 3		模型 4		模型 5		模型 6	
	系数	标准误	系数	标准误	系数	标准误	系数	标准误	系数	标准误	系数	标准误
投资阶段	0.791**	0.643	0.785**	0.708	0.166	0.018	0.719**	0.371	0.620**	0.807	0.683**	0.208
机构年龄	1.370*	0.085	1.348*	0.704	1.181**	0.753	1.586***	0.84	1.531***	0.08	1.059*	0.578
机构募资能力	0.582	0.566	0.477	0.542	－0.162	0.231	－0.895	0.53	0.277	0.563	0.288	0.022
直接融资与固定投资比	0.780**	0.14	0.121*	0.673	0.323*	0.684	0.418*	0.799	0.756***	0.788	0.291	0.377
资产证券化率	0.868**	0.752	0.734*	0.141	0.609**	0.609	0.180**	0.829	0.256**	0.161	－0.119	0.119
互补需求			0.719**	0.352			0.770**	0.89			0.083*	0.916
连接整合					0.222***	0.292	0.058***	0.782			0.480*	0.679
认同感知									0.552**	0.935	0.379**	0.315
年份固定效应	控制		控制		控制		控制		控制		控制	
样本量	673		673		673		673		673		673	
F 检验值	21.046***		30.089***		42.145***		73.910***		35.450***		107.652***	
Adj R^2	0.276		0.388		0.425		0.538		0.362		0.636	

注：“*”“**”“***”分别表示 10%、5% 和 1% 的显著水平。

表 7－6　互补需求和连接整合对认同感知影响的 OLS 模型回归结果（缩尾处理后）

变量	模型 7		模型 8		模型 9		模型 10	
	系数	标准误	系数	标准误	系数	标准误	系数	标准误
投资阶段	0.809**	0.694	0.416**	0.371	0.686**	0.622	0.355*	0.838
机构年龄	－0.136	0.23	－0.846	0.036	－0.851	0.818	－0.259	0.392
机构募资能力	0.304*	0.399	0.824*	0.430	－0.024	0.228	－0.014	0.134
直接融资与固定投资比	0.182	0.845	0.23*	0.057	0.472*	0.475	0.578*	0.492
资产证券化率	0.005*	0.735	－0.013	0.692	0.654**	0.457	0.068*	0.792
互补需求			0.046**	0.417			0.221**	0.404
连接整合					0.052***	0.888	0.116***	0.133
年份固定效应	控制		控制		控制		控制	
样本量	673		673		673		673	
F 检验值	101.905***		114.224***		135.567***		176.667***	
Adj R^2	0.223		0.45		0.318		0.48	

注：“*”“**”“***”分别表示 10%、5% 和 1% 的显著水平。

表 7－7　认同感知的中介效应检验（缩尾处理后）

变量	模型 11		模型 12	
	系数	标准误	系数	标准误
投资阶段	0.984***	0.384	0.506**	0.511
机构年龄	1.322*	0.48	－0.667	0.626
机构募资能力	－0.758	0.757	0.032*	0.746
直接融资与固定投资比	0.302*	0.037	0.012*	0.540
资产证券化率	0.600**	0.842	0.814**	0.935
互补需求	0.408***	0.271		
连接整合			0.024**	0.284
认同感知	0.986***	0.958	0.424***	0.63

续表

变量	模型 11		模型 12	
	系数	标准误	系数	标准误
年份固定效应	控制		控制	
样本量	673		673	
F 检验值	79.418***		70.705***	
Adj R^2	0.222		0.391	

注："*""**""***"分别表示 10%、5% 和 1% 的显著水平。

表 7-8　　地理邻近的调节效应检验（缩尾处理后）

变量	模型 13		模型 14		模型 15	
	系数	标准误	系数	标准误	系数	标准误
投资阶段	0.167*	0.637	0.64*	0.717	0.243**	0.466
机构年龄	1.396*	0.545	1.801***	0.241	0.728	0.436
机构募资能力	0.861***	0.740	-0.100	0.709	0.096	0.494
直接融资与固定投资比	-0.139	0.316	-0.050	0.805	0.676**	0.708
资产证券化率	0.571**	0.367	0.352**	0.013	0.935***	0.555
互补需求	0.399**	0.010	0.113**	0.024	0.411**	0.539
连接整合	0.303*	0.053	0.123*	0.691	0.075*	0.180
认同感知			0.265***	0.789	0.701***	0.329
地理邻近	0.523*	0.103	0.268**	0.923	0.081*	0.523
认同感知 × 地理邻近					-0.021	0.011
年份固定效应	控制		控制		控制	
样本量	673		673		673	
F 检验值	81.750		82.608		106.052	
Adj R^2	0.718		0.668		0.585	

注："*""**""***"分别表示 10%、5% 和 1% 的显著水平。

从上述表中数据检验结果可见除模型估计系数的大小和个别变量的显著性出现变动外，其研究结果与不考虑极端值影响的结果基本一致，表明本研究结论并未受到极端值的显著影响，从这点来看是较可靠的。

其次，时间窗的界定。本书的实证研究是建立在移动时间窗的设定之上的，时间窗长度选择不同，不仅会使得样本规模发生变化，而且还会对机构的诸如网络位置、关系强度等多属性特征的测度产生不同程度的影响。因此为了印证前文所使用的五年时间窗的分析结论，本书也采用联合风险投资网络研究中也会采用的三年时间窗，重新探测我国风险投资网络社群，并且利用凝聚性特征与稳定性特征构建的风险投资网络社群度测度模型进行识别，识别结果作为被解释变量，风险投资网络社群形成影响因素的因子分析结果作为解释变量，并基于多元回归分析方法的基础上进行相应的直接效应、中介效应和调节效应检验。由于篇幅的限制，本书只给出三年时间窗下社群探测结果与形成机理的回归检验结果，详见表7-9至表7-13。

表7-9　风险投资机构网络社群结构探测结果（三年时间窗）

	机构总数	群规模小于4机构数	Q值	E-I指数	社群数	社群规模			
						最小值	最大值	均值	标准差
2000~2002年	121	9	0.397	-0.392	9	4	30	12.44	9.02
2001~2003年	120	8	0.448	-0.336	15	4	35	7.47	10.22
2002~2004年	140	11	0.442	-0.304	17	4	59	7.59	13.14
2003~2005年	182	16	0.436	-0.293	22	4	60	7.55	17.88
2004~2006年	278	20	0.424	-0.324	26	4	87	9.92	25.67
2005~2007年	391	26	0.497	-0.381	34	4	130	10.74	27.61
2006~2008年	492	30	0.527	-0.457	36	4	129	12.83	32.78
2007~2009年	554	33	0.485	-0.474	41	4	141	12.71	33.38
2008~2010年	785	51	0.592	-0.561	44	4	160	16.68	35.11
2009~2011年	987	59	0.605	-0.571	48	4	195	19.33	34.7
2010~2012年	1065	69	0.583	-0.606	69	4	199	14.43	43.61
2011~2013年	1392	72	0.669	-0.628	78	4	208	16.92	36.21
2012~2014年	2110	110	0.629	-0.685	92	4	221	21.74	38.44
2013~2015年	2387	132	0.684	-0.678	110	4	204	20.5	46.18
2014~2016年	2673	168	0.605	-0.660	116	4	202	21.59	39.76

表 7-10 互补需求、连接整合和认同感知对风险投资网络社群形成影响的 OLS 模型回归结果（三年时间窗）

变量	模型 1		模型 2		模型 3		模型 4		模型 5		模型 6	
	系数	标准误	系数	标准误	系数	标准误	系数	标准误	系数	标准误	系数	标准误
投资阶段	0.897***	0.556	0.794*	0.832	0.173*	0.021	0.655*	0.469	0.753***	0.772	0.721**	0.206
机构年龄	1.475*	0.096	1.651**	0.593	1.221*	0.964	1.479*	1.036	1.769**	0.071	1.126*	0.559
机构募资能力	0.724	0.614	0.412	0.53	-0.187	0.257	-0.847	0.604	0.308	0.656	0.318	0.02
直接融资与固定投资比	0.904***	0.171	0.148*	0.583	0.309**	0.821	0.437*	0.816	0.883*	0.861	0.316*	0.439
资产证券化率	0.794**	0.712	0.725*	0.171	0.615*	0.65	0.201*	0.838	0.231*	0.161	-0.117	0.132
互补需求			0.667**	0.307			0.666***	0.778			0.099*	0.792
连接整合					0.249***	0.275	0.051**	0.864			0.475*	0.811
认同感知									0.516***	0.846	0.436**	0.361
年份固定效应	控制		控制		控制		控制		控制		控制	
样本量	757		757		757		757		757		757	
F 检验值	21.046***		34.987***		43.023***		70.061***		33.163***		106.542***	
Adj R^2	0.331		0.353		0.429		0.696		0.407		0.592	

注："*""**""***"分别表示 10%、5% 和 1% 的显著水平。

表 7-11　互补需求和连接整合对认同感知影响的 OLS 模型回归结果（三年时间窗）

变量	模型 7		模型 8		模型 9		模型 10	
	系数	标准误	系数	标准误	系数	标准误	系数	标准误
投资阶段	0.906***	0.819	0.428**	0.393	0.556*	0.616	0.348*	0.746
机构年龄	-0.118	0.239	-0.88	0.036	-0.842	0.973	-0.295	0.325
机构募资能力	0.277*	0.407	0.873**	0.361	-0.024	0.212	-0.011	0.125
直接融资与固定投资比	0.195*	0.786	0.225*	0.059	0.548*	0.542	0.607**	0.394
资产证券化率	0.004	0.698	-0.012	0.574	0.621**	0.457	0.06*	0.76
互补需求			0.042**	0.375			0.263**	0.368
连接整合					0.047**	0.746	0.112**	0.122
年份固定效应	控制		控制		控制		控制	
样本量	757		757		757		757	
F 检验值	113.115***		108.513***		119.299***		169.601***	
Adj R^2	0.259		0.387		0.353		0.408	

注："*""**""***"分别表示 10%、5% 和 1% 的显著水平。

表 7-12　认同感知的中介效应检验（三年时间窗）

变量	模型 11		模型 12	
	系数	标准误	系数	标准误
投资阶段	1.021***	0.294	0.519**	0.653
机构年龄	1.359**	0.475	-0.732*	0.721
机构募资能力	-0.731	0.749	0.031*	0.755
直接融资与固定投资比	0.333*	0.043	0.015	0.458
资产证券化率	0.638**	0.87	0.884**	0.917
互补需求	0.331*	0.383		
连接整合			0.034**	0.247
认同感知	0.808***	0.893	0.395**	0.717
年份固定效应	控制		控制	
样本量	757		757	
F 检验值	79.788***		82.631***	
Adj R^2	0.228		0.482	

注："*""**""***"分别表示 10%、5% 和 1% 的显著水平。

表 7-13　　地理邻近的调节效应检验（三年时间窗）

变量	模型 13		模型 14		模型 15	
	系数	标准误	系数	标准误	系数	标准误
投资阶段	0.199*	0.666	0.747**	0.585	0.214	0.455
机构年龄	1.825*	0.649	1.473*	0.201	0.921	0.529
机构募资能力	0.654**	0.875	-0.124*	0.821	0.108**	0.606
直接融资与固定投资比	-0.137	0.334	-0.054	1.015	0.854	0.814
资产证券化率	0.649***	0.415	0.316*	0.013	0.751**	0.819
互补需求	0.432**	0.012	0.117**	0.025	0.402***	0.552
连接整合	0.303*	0.069	0.112*	0.783	0.097*	0.219
认同感知			0.293**	0.984	0.744***	0.326
地理邻近	0.458*	0.096	0.283**	0.951	0.063*	0.533
认同感知×地理邻近					-0.028	0.018
年份固定效应	控制		控制		控制	
样本量	757		757		757	
F 检验值	87.149***		65.432***		101.002***	
Adj R^2	0.529		0.622		0.613	

注："*""**""***"分别表示 10%、5% 和 1% 的显著水平。

从三年时间窗社群探测结果来看，与五年时间窗探测结果相比，每一时间窗参与联合风险投资的节点机构数量、探测出的社群平均规模以及相应的社群数量都相对要小，但是从最大 Q 值和 E-I 指数随时间窗推移的变化来看在两种时间窗的划分下趋势都是大体一致的。Q 值大体上维持了随着时间的推移逐步增大的趋势，而 E-I 指数则是逐步降低的趋势，这也都显示了风险投资网络都伴随着时间的推移，规模的扩张，社群现象越来越凸显的趋势，同时这也表明了五年时间窗对我国风险投资网络社群探测的相对稳健性。从三年时间窗形成机理的实证检验结果来看，除模型归回系数的大小以及个别变量的显著性出现变化外，其研究结果与五年移动时间窗回归结果基本一致，表明本书的研究结论是具有稳健性的。

第五节 结果讨论

一、互补需求与网络社群的形成

本书提出的假设1分析了风险投资资源互补因素与风险投资网络社群形成的关系。假设认为风险投资互补需求对风险投资网络社群形成具有正向影响，本书实证检验的结果表明风险投资机构间资源互补需求越强烈，风险投资网络社群形成的可能性越大，即是风险投资机构间互补需求能够有效促进风险投资网络社群的形成，假设5-1通过验证。

检验结果表明，风险投资机构间资源的互补需求，促使风险投资机构间在联合风险投资的基础上形成更为紧密的熟悉联合伙伴间的社群关系，以此来突破单个风险投资机构的资源限制。与一般的联合投资形式相比，风险投资机构间基于联合而形成的网络社群关系。第一，能够较好地解决单个风险投资机构资金资源规模与流动性的限制，并能够有效突破投资资本流动性的限制。与专注于股票、债券等证券投资的机构而言，风险投资机构的基金投资一方面规模相对较小，面对优质项目的时候，往往会由于资金规模的限制而失去机会；另一方面流动性更差，风险投资的最低投资期限要求使得权益投资股权在短期甚至中期难以流动，这会使得风险投资机构难于通过退出投资来调整投资组合。熟悉圈子里伙伴的联合提供了一个共享投资风险的平台，能够有效突破资金规模的限制，并能够便利相互间股权的转让，这有助于降低投资组合的整体风险。第二，网络社群关系还是满足联合伙伴间信息共享与获取投资机会需要的结果。网络社群关系是风险投资机构扩展地理与行业投资范围的一个强有力的方式。随着地理距离与行业距离的增加，相关投资与风险信息不断衰减，风险投资机构投资一个新风险项目的可能性会急剧下降。网络社群关系所形成的紧密的机构间关系可以看成是信息共享库的形成，很大程度上便利了信息的跨地理空间和行业边界的传播。通过这种方式，相对于以往，风险投资机构增加了他在不同领域内的投资机会。第三，良好投资机会的获取是风险投资机构持续生存发展的必需。网络社群关系能够促使风险投资机构之间存在更多未来项目流的交换与共享，这能够有效提高获取优质风险项目这种稀缺资源的概率。

风险投资互补需求对风险投资网络社群形成具有正向促进，该研究结论与Wright和Robbie（1998）[193]，Brander等（2002）[15]，Hochberg等（2007）[29]，Sorenson和Stuart（2001）[87]，Hopp（2010）[194]等学者的研究结论类似。比如，Wright和Robbie（1998）[193]认为，风险投资机构或基金由于相对规模较小的资本限制，完全的多样化投资是更加困难的，如果风险投资机构相对于目标项目规模过于小，那么通过与熟悉的伙伴联合投资是能够投资于该项目的唯一途径。Brander等（2002）[15]的研究表明，熟悉伙伴间联合投资下的投资绩效的波动比独立投资下的要更大，这表明熟悉伙伴间的联合投资能够承受更大的投资风险。Hochberg等（2007）[29]研究发现伙伴之间的联合投资行为具有信息和资源共享的功能，未来项目流多寡很大程度上受到良好联合关系的制约。Sorenson和Stuart（2001）[87]的研究认为，通过高频率的联合投资能够形成紧密的机构间网络。这个网络的形成可看成是信息共享库的形成，这很大程度上便利了信息的跨地理空间和行业边界的传播。Hopp（2010）[194]对德国风险资本市场的研究也发现除了投资经验、技能与知识资源的相互依赖需要与紧密的联合关系相关联外，投资机会信息的深度交流也促进了亲密关系的建立。

二、连接整合与网络社群的形成

本书提出的假设2分析了风险投资连接整合因素与风险投资网络社群形成的关系。假设认为风险投资连接整合对风险投资网络社群形成具有正向影响，本书实证检验的结果表明风险投资机构间连接整合越强，风险投资网络社群形成的可能性越大，即是风险投资机构间连接整合能够有效促进风险投资网络社群的形成，假设2通过验证。

检验结果表明，风险投资机构搜寻联合伙伴，建立网络连接能力越强，越能够促进网络社群的形成。首先，得益于网络中的众多连接关系，网络位置优越的风险投资机构，有着广泛的信息来源，有利于其对联合伙伴的识别。同时，网络位置优良，表明现有连接的丰富，现有连接的状况决定着未来联合关系的发展，影响力不够的风险投资机构出于“窗饰”的需要也会竞相与网络位置好的机构联合，这增强了潜在联合伙伴的信息的可达性，产生了更多的建立联合关系的机会，进而促进了网络社群的形成；其次，连接整合能力强，风险投资机构自中心网络内各节点机构间关联的紧密程度更深，也即是自中心网络聚集程度更高，网络内机构间接关联越多，扩展至群外的共享合作伙伴也会更多，潜在联合伙伴间直接的或间接的熟悉程度也会更高，这构成了网络社群形成的基础。高的网络聚集程度有利于对联合伙伴的选择与判断，自中心网聚集程度越高，越有利于实现信息的直接与间接传播和资源的共享，进一步提高了合作的概率，机构间联系更为紧密，促进了风险投资网络社群的形成；最后，风险投资机构间属性特征的相似程度也体现着连接整合能力，风险投资机构间属性特征的相似事实上会影响其联合伙伴的选择，投资机构更可能挑选类似属性特征的投资伙伴。与此同时，风险投资机构更倾向于与自己具有相似属性的机构进行交流，作出项目的投资决策，这促使了同质风险投资机构的聚集。更进一步，相似属性特征的风险投资机构形成稳定的网络社群关系，在于有效降低信息不对称和解决信息租金抽取而导致的掠夺与套牢问题。

三、认同感知与网络社群形成

本书提出的假设 3 分析了风险投资认同感知因素与风险投资网络社群形成的关系。假设认为风险投资认同感知对风险投资网络社群形成具有正向影响，本书实证检验的结果表明风险投资机构间认同感知越强，风险投资网络社群形成的可能性越大，即是风险投资机构间认同感知能够有效促进风险投资网络社群的形成，假设 3 通过验证。

检验结果表明，首先，信任以关系型社会资本的形式出现，对社群关系的形成有着显著的正向影响。信任关系强化了联合伙伴间行为的忠诚，能够减轻对联合伙伴未来机会主义行为担忧的预期，从而提高未来伙伴间联合关系形成的概率。网络成员间频繁的交易和彼此长期合作交流形成信任，这成为各节点进行有效合作的重要激励手段，牢固稳定的伙伴关系就建立在相互信任的基础之上，成员彼此的相互信任与相互约束，极大地改善了群内成员间互相沟通与学习的渠道，构建起了一种超越一般利益羁绊的信任关系，降低了机会主义行为风险，确保了网络社群的稳定发展；其次，机构间相互认同的互惠行为，促进了稳定的伙伴关系的形成。联合风险投资网络中，机构间频繁的互惠的投资邀请，能够形成对未来合作关系的良好预期，这促使熟悉伙伴间发展出相互信任以及情感纽带，形成稳定的互动关系。

风险投资认同感知对网络社群形成具有正向促进，该研究结论与 Gulati (2007)[231]，周冬梅等（2000）[36]，Molm（2010）[37]，Ammann（2011）[115]，周育红和宋光辉（2014）[117]等学者的研究结论类似。比如，Gulati（2007）[231]认为，重复联合联盟形成的原因与结果都源于组织间出现的信任关系。周冬梅等（2000）[36]认为，信任作为交易伙伴间的一种关系属性，能有效降低机会主义行为风险，促进网络资源的流动，从而促进各方稳定的合作。Molm (2010)[37]认为，互惠的交换使得行为者能够发展出相互信任以及情感纽带从而提升交换关系的效率，从而以一种集体主义的方式行为。Ammann (2011)[115]则直接指出成员间的直接互惠和间接互惠对于社群形成有正向影响作用。周育红和宋光辉（2014）[117]对中国风险投资网络的研究也发现互惠关系是中国创投网络的凝聚子群形成的基础。

四、互补需求对认同感知

本书提出的假设 4 分析了风险投资互补需求因素与认同感知因素的关系。假设认为风险投资互补需求对认同感知具有正向影响，本书实证检验的结果表明风险投资机构间互补需求越强烈，认同感知程度越深，即是风险投资机构间互补需求能够有效促进认同感知的提高，假设 4 通过验证。

检验结果表明，首先，互补需求高，机构间通过互惠获取到的项目流与项目信息就越多，获取可靠信息就越多，能够有效降低机构间、机构与项目间的信息不对称程度，减少信息成本，提高评估效率，筛选出高质量项目的可能性更大，机构间的认同度与信任程度会更高。反过来，高的信任程度又使得理性的机构选择机会主义行为的可能性大大降低，机构相互间对未来联合存在良好的预期，从而产生持续的信任关系；其次，互补需求高，机构间相互吸引力也愈大，联合具有持久与稳定性，反复联合可能性更高，这促进了共有规范的形成，有助于提高伙伴间联合投资的默契与牢固信任关系的建立；最后，具有较高互补资源的风险投资机构能够期待做出更高质量的贡献，因而能够得到其他需要相关资源的风险投资机构的认同与青睐，更可能被邀请进行联合投资。

五、连接整合对认同感知

本书提出的假设5分析了风险投资连接整合因素与认同感知因素的关系。假设认为风险投资连接整合对认同感知具有正向影响，本书实证检验的结果表明风险投资机构间连接整合能力越强，认同感知程度越深，即是风险投资机构连接整合能够有效促进认同感知的提高，假设5通过验证。

检验结果表明，机构搜寻联合伙伴与建立网络连接的能力越强，越能够形成机构间的相互认同与信任关系。首先，连接整合会通过声誉信号发送与扩散对机构间认同感知产生影响。良好网络位置的风险投资机构会通过声誉传递效应，提高外界对风险投资机构的认同感。网络中心位置投资机构较高声誉的广泛认知性，其他的风险投资机构即是付出更高的成本也愿意与之联合，为风险项目提供更为优质的服务，这也形成了机构间相互信任的重要基础。处于中心位置的风险投资机构的价值理念易于广泛传播并被外界接受，影响力逐步增大，从而更有利于产生行动的默契与协同；其次，风险投资机构网络聚集，能够有效促进机构间的认同感知。风险投资机构更高的网络聚集程度表征了网络中风险投资机构间更紧密的连接关系，这不仅有利于实现信息的传播和资源共享，而且正向促进了网络成员之间的凝聚力与信任关系。网络聚集程度高，表征了机构间连接程度的紧密，这提供了良好的信息传播渠道，能够有效增加彼此间的沟通频率，提高相互的认知程度，为信任、情感依附等的产生以及有效合作起到了基础性的作用；最后，风险投资机构间属性特征的相似程度，也是形成机构间认同感知的重要方面。趋同原则而导致的信任关系，机构间相似的特征越多，交流越便利，越能促进隐性知识的传递，或更有利于联合决策，二元关系条件下越具有相互之间的认同与信任。

六、认同感知的中介效应

（一）认同感知对互补需求影响风险投资网络社群形成过程的中介

本书提出的假设6a分析了认同感知对互补需求影响风险投资网络社群形成的过程的中介。假设认为互补需求影响风险投资网络社群形成的过程受到了认同感知中介。本书实证检验的结果表明认同感知对互补需求影响风险投资网络社群形成的过程具有显著的部分中介作用。假设6a通过验证。

检验结果表明，互补需求对网络社群形成正向促进作用，有部分是通过认同感知这一中介变量而得以实现的。机构间互补需求高，通过互惠获取到的项目流与项目信息就越多，获取可靠信息就越多，能够有效降低机构间、机构与项目间的信息不对称程度，减少信息成本，提高评估效率，筛选出高质量项目的可能性更大，机构间的认同度与信任程度会更高；互补需求高，机构间相互吸引力也愈大，联合具有持久与稳定性，反复联合可能性更高，这促进了共有规范的形成，有助于提高伙伴间联合投资的默契与牢固信任关系的建立；机构间的认同与信任关系能有效降低机会主义行为风险，互惠的社会合作能够培育机构间相互吸引的情感支持，这很大程度上激励了各节点进行长期有效合作，形成稳定的网络社群关系。

（二）认同感知对连接整合影响风险投资网络社群形成过程的中介

本书提出的假设6a分析了认同感知对连接整合影响风险投资网络社群形成的过程的中介。假设认为连接整合影响风险投资网络社群形成的过程受到了认同感知中介。本书实证检验的结果表明认同感知对连接整合影响风险投资网络社群形成的过程具有显著的部分中介作用。假设6b通过验证。

检验结果表明，连接整合对网络社群形成正向促进作用，有部分是通过认同感知这一中介变量而得以实现的。机构的网络位置会通过信号发送与扩散促进机构间相互的认同；网络聚集通过机构间较高的沟通频率，使相互认知程度增加，增强机构间信任的感知水平；机构间属性特征的相似性，通过趋同偏好导致情感联系与信任关系；继而在联合风险投资网络中，这种相互认同、情感联系与信任关系综合下的认同感知，导致联合投资过程中对部分伙伴选择偏好，空间上呈现机构节点的聚集，形成网络社群。

七、地理邻近的调节效应

本书提出的假设7分析了地理邻近对认同感知与风险投资网络社群形成的关系的调节作用。假设认为地理邻近正向调节认同感知与风险投资网络社群形成的关系。本书实证检验的结果表明地理邻近对认同感知与风险投资网络社群形成关系的调节作用为负，且不显著。假设7未能通过检验。

对这一结果，本书认为，风险投资机构间地理邻近，能够在地理空间上相互接触的概率更大，双方接触所需更低的努力与成本，一定程度上能够增强机构间的熟悉关系，但这种通过地理邻近所增强的熟悉关系往往不会对网络社群的形成产生正向影响，反而可能会存在负向影响，实证检验结果调节作用为负，虽然不显著，但也在一定程度上证实了这一点。正因为处于相似的地理空间，这会导致风险投资机构间在与相似地理空间的政府机关、会计师事务所、律师事务所、投资银行等利益相关者建立合作关系的资源垂直整合过程中存在一定程度的竞争关系，这不仅不会有利于联合关系的建立，反而很大程度上会形成阻碍。同样是因为处于相似地理空间，风险投资机构间资源的相似的可能性也越大，资源重叠的情况较常见，因而相互之间因为资源互补而联合的可能性将下降。正如 Fritsch 和 Schilder（2008）[242]研究发现当风险投资机构投资远距离风险项目的时候，往往不愿意与本地机构联合而更愿意与远距离项目本地风险投资机构联合，通过与接近风险项目的机构联合这种形式，能够大大降低为监督项目所需的资源。此外，处于相似地理环境，风险投资机构间投资信息相似度较高，形成联合必然会导致信息冗余度提高，当然现有研究认为信息冗余有利于对风险项目筛选的认证；但实际上这种信息冗余而形成的联合实际上往往是不稳定的，即使能够形成联合，但也难以形成长期的稳定合作关系，因而也就难以形成社群关系。正如 Gompers 等（2016）[223]的研究所表明的资源的相似与信息的冗余会导致无效率的决策，低估项目期望收益的障碍和降低尽职调查的标准，从而产生较高的友谊成本，进而长久稳定的合作关系难以维系。

第六节 小结

本章是本书的关键章节，意在使用第三、四、六章给出的数据、变量、方法和模型来检验第五章提出的研究假设。本书提出的8项假设中7项获得了支持，有1项没有能获得支持。假设验证的结果详见表7-14。从总体上看，本书所构建的资源互补、连接整合和认同感知对网络社群形成的直接作用以及认同感知的部分中介作用的概念模型是成立的。

表 7－14　　假设检验结果

假设	内容	验证结果
假设 1	互补需求对风险投资网络社群形成具有正向影响。	通过
假设 2	连接整合对风险投资网络社群具有正向影响。	通过
假设 3	认同感知对风险投资网络社群具有正向影响。	通过
假设 4	互补需求对认同感知具有正向影响。	通过
假设 5	连接整合对认同感知具有正向影响。	通过
假设 6a	互补需求影响风险投资网络社群形成的过程受到了认同感知中介。	通过
假设 6b	连接整合影响风险投资网络社群形成的过程受到了认同感知中介。	通过
假设 7	地理邻近正向调节认同感知与风险投资网络社群形成的关系。	未通过

第八章

研究结论与展望

本章是本书的总结性章节，包含三方面内容：一是将本书的主要研究结论进行了总结说明，并且探讨了本研究的理论与实践两方面的研究意义；二是对本书的主要创新点进行了简要叙述；三是对本书的研究存在的不足加以讨论并展望未来研究可考虑的拓展方向。

第一节 研究结论及意义

一、研究结论

本研究旨在揭示风险投资网络社群的形成机理，首先，基于对联合风险投资中“抱团”投资现象的观察与描述，采用我国风险资本市场数据，应用 Girvan 和 Newman 提出的以模块性指标优化为基础的凝聚探测算法对我国风险投资网络社群进行探测，同时在对社群特征研究的基础上构建识别模型，借助非参数 Bootstrap 方法，对 G－N 算法探测出的社群进行识别，将识别结果基于中心度方差的差异划分为自组织型社群和领导型社群，并对典型社群进行了分析，实证研究社群内部构成，比较群与群之间的差异；其次，在现有文献梳理和理论分析的基础上，从风险投资机构、二元关系、网络属性等三层面，分析并归纳风险投资网络社群形成的影响因素，并选择适当指标对这些因素进行测度，进而运用因子分析法对形成影响因素指标数据降维精炼为互补需求、连接整合、认同感知和地理邻近四个主因子；再次，在理论分析的基础上，对相关变量进行界定，构建风险投资网络社群形成机理的概念模型，分析这些因素与网络社群之间的关系以及对于网络社群影响的作用路径，提出相应的研究假设；最后，使用 SPSS 13.0 统计软件进行逐步回归分析，实证检验理论模型与研究假设，并进一步讨论检验结果。本书的主要研究结论包括：

（1）风险投资网络社群的识别。通过基于风险投资网络社群特征研究所构建的识别模型，对基于 G－N 算法探测出的社群进行辨识，当前我国风险资本市场中投资“抱团”的网络社群现象广泛存在，并伴随着风险投资网络规模的不断扩张，社群现象愈发显著。依据中心度方差的差异的分析，风险投资网络社群可划分为领导型社群与自组织型社群，领导型社群大多规模较大，而自组织型网络社群往往出现在规模较小且发展处于初期阶段的社群。

（2）网络社群形成的影响因素研究。基于现有国内外研究文献的梳理，从风险投资机构、二元关系、网络属性三个层面归纳出声誉、投资经验、地理邻近等 10 个影响因素，针对这些因素运用因子分析法降维精炼为代表决定风险投资网络社群形成的互补需求、连接整合、认同感知和地理邻近四个主因素。

（3）网络社群形成机理的概念模型构建与分析。在相关文献梳理与理论分析的基础上，提出了互补需求、连接整合、认同感知和地理邻近四个因素对风险投资网络社群形成影响的假说；进一步结合社会网络理论、社会资本理论、社会认同理论等相关的理论分析以及互惠交换方面的相关研究，发现了认同感知在互补需求和连接整合因素驱动网络社群形成间所起到的间接作用路径，并考察地理邻近调节认同感知与网络社群形成之间关系所起的作用；基于风险投资网络社群的特征，共提出了 8 个变量间关系的研究假设，构建了风险投资网络社群形成机理的理论模型。

（4）对各影响因素直接影响风险投资网络社群形成的假设进行了实证检验。风险投资机构间资源的互补需求的强烈需要，促使风险投资机构间在联合风险投资的基础上形成更为紧密的熟悉联合伙伴间的社群关系，以此来突破单个风险投资机构的资源限制。风险投资机构搜寻联合伙伴，建立网络连接能力越强，越有利于信息获取与伙伴识别，越有利于连接关系的稳定，进而越能够形成网络社群关系。机构间的认同感知作为网络社群形成的最核心、最关键的因素，一方面能够累积作为机构间关系性社会资本的信任关系，防范机会主义行为风险，提升网络资源的流动效率，从而促进彼此间稳定的伙伴关系的形成；另一方面能够形成以情感纽带为基础的互惠关系，提高社会交换的效率，促进社会合作与资源共享，进而形成“惯例性的机构合作关系”。

(5) 验证了认同感知在风险投资网络社群形成中的中介作用。机构间互补性需求越高，联合后伙伴间的互惠程度也会更高，机构间认同程度也越高，促进了共有规范的形成，有助于提高伙伴间联合投资的默契与牢固信任关系的建立。连接整合程度的加深有助于提升风险投资机构间关系的紧密程度，为信任、情感依附关系的产生提供了现实基础，进而促使成员稳定地有效合作。机构的网络位置会通过信号发送与扩散促进机构间相互的认同；自中心网络聚集通过机构间较高的沟通频率，使得相互认知程度增加，增强机构间信任的感知水平；机构间属性特征的相似性，通过趋同偏好导致情感联系与信任关系；进而在风险投资网络中有选择的偏好部分伙伴，形成网络社群。

(6) 实证检验了地理邻近对认同感知中介路径的调节效应。地理邻近对认同感知中介路径的正向调节效应，并未得到支持，实证检验结果表明地理邻近对认同感知与风险投资网络社群形成关系的调节作用为负，且不显著。机构间地理空间邻近，风险投资机构间资源的相似的可能性也越大，资源重叠的情况较常见，因而相互之间因为资源互补而联合的可能性将下降。相邻地理空间也使得机构间信息冗余程度加大，这往往会导致无效率的决策，低估项目期望收益的障碍和降低尽职调查的标准，从而产生较高的友谊成本，不利于维系长久稳定的合作关系。

二、研究意义

（一）理论意义

(1) 对联合风险投资网络从中观网络社群视角进行了研究，扩展了风险投资的研究视角。

联合风险投资网络在风险投资领域的研究中已然形成了热点。学者们主要从微观到宏观两个视角展开对风险投资网络：一是自中心网络视角（Ego - network）。该视角主要研究居于微观层面的风险投资机构与其联合伙伴的连接以及其伙伴之间的连接关系，并强调诸如网络位置、网络资源等机构的网络属性特征直接关系到投资绩效的高低（Sorenson 和 Stuart，2001；Hochberg 等，2007；Gulati 等，2011；Abell 和 Nisar，2007）[26,29,87,195]。二是全局网视角（Global - network）。该视角侧重于全局网络的结构特征如网络密度（Castilla，2003；Hochberg 等，2014）[250,251]、网络规模（Clercq 和 Dimov，2008）[133]等的研究。上述视角，已经给出了现有风险投资网络研究的大致框架，但这个框架还不够完善，因为它还缺乏很重要的一块内容，也就是中观社群层面的网络研究。现实中随着风险投资行业快速发展，风险投资网络规模的不断扩大，社群现象越来越显著。针对这一普遍的现象，Bubna 等（2016）[34]和 Bubna 等（2013）[35]开创性地对美国资本市场的风险投资网络进行了网络社群分析。他们的研究表明，风险投资机构集聚的网络现象能够通过网络社群的中观视角的分析很好地加以解释。近期 Zhang 等（2017）[252]在 Academy of Management Journal 上发表的论文也是基于美国风险资本市场数据结合对风险投资机构与风险项目的问卷与访谈，来对联合投资行为的形成作了群体层面的考察。罗吉等（2016）[59]对中国联合风险投资网络中的网络社群进行了识别，并研究其偏好特征。金永红等（2016）[58]采用中国风险资本市场数据，对以联合投资为纽带形成的风险投资网络和以地理位置结合行业为基础的风险投资网络分别作了社群结构的识别。这一系列研究成果的出现证明了网络社群视角研究联合风险投资的科学性与必要性。本书在现有研究现状的基础上直接针对我国风险投资网络社群的形成展开研究，是对联合风险投资网络研究的补充与扩展。

（2）厘清了网络社群相关概念，并在对风险投资网络社群特征研究的基础上，识别并划分了社群类型，为风险投资网络社群的理论研究提供了研究基础与对象。

在风险投资领域的研究中，联合风险投资、风险投资网络、风险投资自中心网络等概念相互之间联系非常的紧密，对这些问题的研究也存在大量的交叉重叠。而本书的风险投资网络社群概念也是建立在这些概念的基础之上的，与其存在诸多类似，因此本书在对这些概念进行比较区分的基础上对这些概念进行了界定。

现有关于风险投资网络社群的研究，很多重点放在对为网络社群的探测与识别上，Zheng（2004）[64]使用派系分析方法对美国公司型风险投资机构（CVC）所形成的网络社群结构的识别。王艳等（2010）[65]应用同样的方法识别了我国联合风险投资网络社群。Bubna 等（2016）[34]、罗吉等（2016）[59]以及 Jin 等（2016）[8]运用非重叠 Girvan - Newman 识别算法对风险投资网络社群进行识别。以上探测研究，大多只使用数学算法来对网络社群进行探测，探测出的社群并不都能对应现实社群，因而还需要对现实社群的特征进行分析，并用社群特征来对探测结果进行判定。基于此，本书从凝聚性与稳定性两方面研究风险投资网络社群特征，并在此基础上构建了网络社群度测度模型，对由数学方法探测出的社群结果进行判定，识别出符合现实社群特征的风险投资网络社群，进而将风险投资网络社群划分为领导型社群和自组织型社群，这为风险投资网络社群的进一步研究提供了基础性的理论贡献。

(3) 从风险投资机构层面、二元关系层面、网络属性层面对影响网络社群形成的因素进行了辨识与验证，增强了风险投资网络中观层面网络社群形成理论研究的整体性与系统性。

已有研究已经关注到了影响风险投资网络社群的形成因素问题，但研究成果不多且较为分散，相关研究碎片化的散落于大量文献中，鲜见有针对性的系统化的研究成果，缺乏对对风险投资网络社群形成内在规律的深入探讨。本研究结合使用文献研究与量化研究的方法，通过梳理大量现有风险投资的相关文献，对风险投资网络社群形成影响因素进行了系统地探索，并进一步归纳为：互补需求、连接整合、认同感知、地理邻近四个变量。研究既兼顾了研究成果结合实践经验的完备性，也保证理论研究的严谨性，从风险投资机构层面、二元关系层面和网络属性层面梳理风险投资网络社群形成的影响因素，进一步确保了中观网络层面社群形成理论研究的整体性与系统性。

(4) 揭示了风险投资网络社群形成机理，补充和完善了现有的风险投资研究理论框架，为风险投资网络研究拓展了理论空间。

本书在相关文献梳理和理论分析的基础上，提出了互补需求、连接整合、认同感知、地理邻近四个因素对风险投资网络社群形成影响的假设；并进一步结合交易成本理论、社会认同理论等相关理论分析以及互惠交换方面的相关研究，发现了认同感知在互补需求与连接整合驱动风险投资网络社群形成时所起到的部分中介作用，以及廓清了地理邻近对认同感知中介路径的调节效应；结合风险投资网络社群的特点，以理论推演的方式构建了风险投资网络社群形成机理的研究框架，提出了八个变量间关系的研究假设，并进行实证检验。这丰富和完善了风险投资网络理论，拓展了风险投资网络的研究领域。

（二）实践意义

本书对风险投资机构管理实践以及国家制定相关政策具有重要启示与参考。

（1）通过对风险投资网络社群形成的影响因素的探索及其相互关系的揭示，剖析了网络社群的形成机理，在如何利用网络社群的内在规律，促进自身发展方面对我国投资机构具有重要参考价值。

首先，风险投资机构应该通过对风险投资市场环境变化的敏锐洞察，了解风险企业需要，培养能发现并能够与有合作价值的潜在联合伙伴建立连接的能力；其次，随着我国风险投资市场网络社群趋势越来越显著，处于联合投资网络中的风险投资机构在进行投资过程中，选择联合投资战略时，必须要考虑到网络社群的影响，通过成为网络社群成员，既维系了熟悉伙伴间的信任、亲密的强连接关系，又能一定程度上保留“弱连接的力量”，实现最优社会资本；最后，本书理论及实证研究发现的网络社群形成的核心变量认同感知，一方面促进了网络社群的形成，另一方面网络社群又反过来增强机构间的认同感知程度。网络社群区别于一般的风险投资网络的本质特征就在于投资机构间的认同、信任、情感联系，在中国社会背景下，由于制度规范的不健全，政策环境还有待完善，认同感知更加成为风险投资机构间形成网络社群，保持社群关系的关键要素，这对处于风险投资网络中的投资机构提供了有益的指导和启示，即应适当加强认同与信任关系投资，建立并维持良好的网络社群关系，以此获得更多的发展机会。

（2）通过探析风险投资网络社群形成影响因素，有助于投资机构间形成合理的社群结构与采取有效的合作行为，为我国风险投资业健康发展提供实践指导。

本书的理论分析与实证检验结果发现机构间资源互补情况、连接整合程度与认同感知因素决定着风险投资网络社群的形成。因而，风险投资机构在借助风险投资社群关系开展的风险投资活动中，要提升与其他机构建立稳定连接关系的能力，加强自身投资经验的总结并重视联合伙伴间的资源与信息的交换，尽量发展自己独特的资源，互补性的相互需求更能得到其他伙伴的信任，维持稳定的合作关系，而较强的与不同类型的风险投资机构建立联合关系的能力，能够使自己更为主动地获得更多的互惠关系。总体上来看，风险投资机构在构建风险投资网络社群时，对资源互补、连接整合和认同感知三个方面因素都要重点关注，不可偏废，才能充分发挥社群的特点以此获得竞争优势。

（3）从网络社群视角，为推动我国有效的风险投资系统的形成提供具有理论支撑的对策建议，这将有助于我们抓住科技发展的机遇，实现经济发展真正建立在科技进步基础之上的良性发展轨道。

从西方发达国家风险资本市场发展实践来看，风险投资网络发展社群化趋势明显；根据本书针对我国风险资本市场，对我国风险投资网络社群的探测与识别的结果显示我国风险投资网络中存在明显的社群现象，随着时间的推移网络规模不断增大的同时社群现象也更加的凸显。本书针对网络社群形成的研究结论从三个方面对我们制定适宜并促进我国风险投资网络社群健康发展政策具有参考价值。首先，本书研究结论显示风险投资机构间资源互补是决定风险投资网络社群形成的重要原因，这在政策上的启示在于政府应该采取更为积极有效的措施，拓宽风险资本来源渠道，使更多的国别背景，附带更为多样性资源的资本进入风险投资领域；其次，进一步发挥政府创业引导的杠杆作用和乘数效应，以设立母基金、直投基金等方式，借助市场化的办法，吸引各类风险投资机构更多地共同参与投资，进而形成稳定的社群关系，扶持处于种子期、初创期的中个小企业；最后，完善风险资本市场制度环境，特别是有助于机构间相互信任机制构建的制度环境，提高联合投资机构间认同感知程度，促进投资机构间网络社群关系的建立，更为高效地支持创新、促进创新成果转化、培育新兴产业和推动经济转型升级。

第二节 研究创新点

（1）本书结合中国风险资本市场的特点将风险投资网络的研究从自中心网络层面和整体网络层面扩展至网络社群层面，为风险投资以及风险投资网络的理论研究开拓新视角。

现有研究主要从微观的投资机构视角和宏观的整体网络视角来对风险投资网络进行研究，也有个别研究开始从中观网络层面进行研究，但大多只针对西方发达国家成熟的风险资本市场或简单地使用数学算法对网络社群进行探测，均还未形成风险投资网络社群系统的研究框架，鲜见从中国风险资本市场特点出发，将数学算法探测与社群特征研究相结合来深入研究我国风险投资网络社群的成果。本书应用非重叠 Girvan - Newman 识别算法对我国风险投资网络社群进行了探测，并以此为基础从风险投资网络社群凝聚性特征和稳定性特征分析出发界定风险投资网络社群，构建识别模型，识别了风险投资网络社群，并进一步对识别出的网络社群进行分类，分析其典型网络社群，对网络社群在中国情景下的表现形式进行研究。研究有助于更为清晰、完整的从理论上诠释风险投资网络社群，是对风险投资研究领域的重要拓展，提供了风险投资研究一个新的视角。

（2）从风险投资机构、二元关系、网络属性三个层面对网络社群形成影响因素进行了系统地探索和验证。

当前已存在少量直接涉及风险投资网络社群形成影响因素研究的相关文献，但大都只侧重某一方面的影响因素，研究显得分散且缺乏系统性；大量的研究文献实际上是在探讨联合投资与联合投资网络形成的影响因素，而风险投资网络社群本质上也是建立在联合投资基础之上，在风险投资网络中形成的投资机构的聚集形态，因而涉及联合投资以及联合投资网络形成影响因素的研究也给网络社群的研究提供了线索与借鉴，但缺点是缺乏网络社群本质特征的提炼。本研究使用文献研究与量化研究相结合的方法，从风险投资机构、二元关系、网络属性三个层面对大量相关文献的梳理，对辨识出影响风险投资网络社群形成的声誉、投资经验、地理邻近等 10 个影响因素，并进一步降维提炼出具有网络社群本质特征的互补需求、连接整合、认同感知、地理邻近四个因素。研究走出了现有研究文献侧重于社群形成单一因素研究的局限，较为全面而系统地梳理提炼决定网络社群形成的因素，为风险投资网路社群理论的形成做了重要的基础性铺垫工作。

（3）构建了风险投资网络社群形成理论模型并进行实证分析，对风险投资网络社群形成的内在规律进行了揭示。

在国内外文献梳理、理论分析基础上构建了风险投资网络社群形成机理的理论模型，并提出相应的研究假设，使用我国风险资本市场历年融投资数据进行实证分析检验。发现机构间资源互补程度，一方面能够直接促进网络社群的形成，另一方面能够通过认同感知的中介间接促进网络社群的形成；连接整合能力也能直接推动网络社群的形成，并能通过认同感知间接促进网络社群的形成；认同感知作为网络社群形成的关键变量，不仅能够直接正向影响网络社群的形成，而且在资源互补和连接整合因素影响网络社群形成过程中，充当路径因素，起到部分中介的作用。研究进一步厘清了机构间地理邻近对网络社群形成过程中的调节作用，发现机构间地理空间的相邻并不会显著正向调节认同感知与风险投资网络社群形成的关系。研究结论能够系统揭示风险投资网络社群形成机理，有助于从网络社群视角准确、深入地认识风险投资网络的产生、发展、演变的过程，把握其内在的规律性。

第三节 研究不足及展望

本书虽然对风险投资网络社群形成机理进行了较为深入与系统的研究，但由于作者自身水平的局限，依然存在许多不足和有待改进之处，本书的研究仍然只是该领域的冰山一角，还有许多具有学术价值和可行性的研究和拓展工作有待展开。基于对风险投资网络问题的粗浅认知，结合自身的兴趣与研究过程中所遇见的困难与困惑，经过慎重思考，将本书的研究不足和未来可考虑的研究方向归纳如下：

第一，本书中风险投资网络社群形成影响因素都是采用文献研究方法梳理自国内外现有的相关研究文献，其中来自海外学者的研究文献大多都是以西方发达资本主义国家的风险资本市场为对象，因而其得出的结论未必适用于我国这样的新兴市场化国家的风险资本市场，再加上考虑到研究的可操作性，不可观测的网络社群形成影响因素不在本书研究之列。此外，一个国家制度环境、政策环境也是影响风险投资行为的重要方面，风险投资网络社群的形成也会受到制度环境与政策环境的影响，Kräussl 等（2014）[246]的研究，发现政策环境对欧洲风险投资机构的集聚有着重要影响。最近的经验证据也表明政策环境会对现实组织的实践与运作和战略选择产生实质影响。这反过来要求新兴市场国家传统的风险投资运作机制做相应适当修改，来适应国家政策环境的差异。这进而会导致在新型市场经济国家风险投资网络的形成与运作上的差异。因为在新兴市场国家政策环境的缺陷，在很多方面都显得重要的网络关系，更加凸显其重要性。同时还有一些研究认为新兴市场化国家风险投资机构网络的非正式制度的形式事实上是对国家较差的政策环境的反映，用风险投资网络聚集来弥补或替代正式制度的缺乏（Ahlstrom 等，2006）[253]。在很大程度上，这是因为网络聚集成为了克服其他制度结构、政策环境缺乏的有价值的工具。而本书考虑到我国制度与政策环境变量的测度与数据获得可能性，暂时未能涉及该类因素。因而，本书研究所得影响网络社群形成的因素还存在可拓展空间，后继的研究可以考虑将问卷调查与访谈法结合使用进一步完善影响因素的研究。

第二，本书研究数据主要来源于公开数据库数据，为了避免严重的错漏与缺失，综合使用清科集团的私募通数据库和投中集团的 CVSource 数据库数据，并结合使用 Wind 数据库、东方财务数据库以及金融家数据库数据，甚至针对风险投资机构特征部分关键缺失通过其官方网页获取，虽然做了大量的工作但遗憾的是未能对上述所获数据的质量与可靠性做进一步论证。国外本领域的学者已经对大型商业数据库数据的质量进行了研究，发现这些数据库无一例外地存在数据遗漏与偏误（Maats 等，2011）[254]，依赖这些数据库所获样本的研究可能会出现偏误甚至错误。此外，本书还通过机构官网获取了部分关键数据，官网数据可能会存在为了宣传的需要，出现夸张与失真。因而，本书所用样本数据质量有可能会影响到本书研究的结论。未来的研究，有必要在数据质量提升上做进一步的论证，可以将数据库数据与问卷调查数据、实地调研数据相互结合使用，相互进行印证，提高研究结论的可靠性。

第三，本书从风险投资机构、二元关系、网络属性三个层面归纳出声誉、投资经验、地理邻近等 10 个影响因素，并相应选择了 16 个指标对其进行测度。虽然大多都是在参照已有学者研究基础上的选择，但是仍然不可避免地受到客观现实条件限制，对这些因素测度的指标还存在进一步商榷补充的空间。例如所用指标或许会存在国内与国外统计口径的差异，对实际测度的效果可能会有较大影响。未来的研究，可以在现有研究所用指标的基础上，构建更多、更有针对性、更符合我国风险资本市场特征的测度指标，以提高研究结论的可信性。

第四，本书聚焦于研究风险投资网络社群的形成，实际上也已经涉及部分的经济动因和对风险投资机构的行为的影响，但还远远不够，未来的研究可以从社群凝聚、认知距离、社群嵌入等方面深入研究风险投资网络社群结构，并在此基础上考察风险投资机构投资行为的影响，进而探讨对投资绩效或社群绩效的影响。

参考文献

[1] GOMPERS P, LERNER J. The Venture Capital Revolution [J]. Journal of Economic Perspectives, 2001, 15 (2): 145 –618.

[2] LINDSEY L. Blurring Firm Boundaries: The Role of Venture Capital in Strategic Alliances [J]. Journal of Finance, 2008, 63 (3): 1137 –1168.

[3] LEE P M, POLLOCK T G, JIN K. The contingent value of venture capitalist reputation [J]. Strategic Organization, 2011, 9 (1): 33 –69.

[4] Global Tech Hubs Report [R]. New York: CB Insights, 2018.

[5] DELI D N, SANTHANAKRISHNAN M. Syndication in venture capital financing [J]. Financial Review, 2010, 45 (3): 557 –578.

[6] DAS S R, JO H, KIM Y. Polishing diamonds in the rough: The sources of syndicated venture performance [J]. Journal of Financial Intermediation, 2011, 20 (2): 199 –230.

[7] 罗家德，秦朗，周伶. 中国风险投资产业的圈子现象 [J]. 管理学报，2014, 11 (4): 469 –477.

[8] JIN Y, ZHANG Q, LI S –P. Topological properties and community detection of venture capital network: Evidence from China [J]. Physica A: Statistical Mechanics and its Applications, 2016, 442: 300 –11.

[9] BYGRAVE W D. Syndicated investments by venture capital firms: A networking perspective [J]. Journal of Business Venturing, 1987, 2 (2): 139 –54.

[10] BYGRAVE W D. The structure of the investment networks of venture capital firms [J]. Journal of Business Venturing, 1988, 3 (2): 137 –57.

[11] NEWMAN M E, GIRVAN M. Finding and evaluating community structure in networks [J]. Physical Review E, 2004, 69 (2): 26 –113.

[12] LERNER J. The syndication of venture capital investments [J]. Finan-

cial management, 1994, 23 (3): 16 -27.

[13] JO H. Venture capital syndication and firm value: entrepreneurial financing of Grand Junction Networks [R]. Working Paper: Santa Clara University, 2000.

[14] LOCKETT A, WRIGHT M. The syndication of private equity: evidence from the UK [J]. Venture Capital, 1999, 1 (4): 303 -324.

[15] BRANDER J A, AMIT R, ANTWEILER W. Venture Capital Syndication: Improved Venture Selection vs. The Value - Added Hypothesis [J]. Journal of Economics & Management Strategy, 2002, 11 (3): 423 -452.

[16] 曾蔚，游达明，刘爱东，等. 联合风险投资的价值溢出机理与案例分析 [J]. 研究与发展管理，2008, 20 (4): 101 -105.

[17] CHAUDHRY S M, KLEIMEIER S. Lead arranger reputation and the structure of loan syndicates [J]. Journal of International Financial Markets Institutions & Money, 2015, 38 (9): 116 -126.

[18] HAKANHAKANSSON. Industrial technological development : a network approach [M]. London: Croom Helm, 1987.

[19] GRANOVETTER M. Economic action and social structure: the problem of embeddedness [J]. American Journal of Sociology, 1985, 91 (3): 481 -510.

[20] GU Q, LU X. Unraveling the mechanisms of reputation and alliance formation: A study of venture capital syndication in China [J]. Strategic Management Journal, 2014, 35 (5): 739 -750.

[21] 罗吉，党兴华，王育晓. 主风险投资机构声誉与联合投资形成的关系——来自中国风险资本市场的证据 [J]. 科技进步与对策，2014, 31 (24): 18 -24.

[22] 董建卫，党兴华，陈蓉. 风险投资机构的网络位置与退出期限：来自中国风险投资业的经验证据 [J]. 管理评论，2012, 24 (9): 51 -58.

[23] 罗吉，党兴华，王育晓. 网络位置、网络能力与风险投资机构投资绩效：一个交互效应模型 [J]. 管理评论，2016, 28 (9): 83 -97.

[24] CORNELLI F, GOLDREICH D. Bookbuilding and Strategic Allocation [J]. Journal of Finance, 2001, 56 (6): 2337 -2369.

[25] LJUNGQVIST A, MARSTON F, WILHELM W J. Scaling the Hierarchy:

How and Why Investment Banks Compete for Syndicate Co - management Appointments [J]. Social Science Electronic Publishing, 2009, 22 (10): 3977 - 4007.

[26] ABELL P, NISAR T M. Performance effects of venture capital firm networks [J]. Management decision, 2007, 45 (5): 923 - 936.

[27] GORMAN M, SAHLMAN W A. What do venture capitalists do? ☆ [J]. Journal of Business Venturing, 1989, 4 (4): 231 - 248.

[28] SAHLMAN W A. The structure and governance of venture - capital organizations [J]. Journal of Financial Economics, 1990, 27 (2): 473 - 521.

[29] HOCHBERG Y V, LJUNGQVIST A, LU Y. Whom you know matters: Venture capital networks and investment performance [J]. The Journal of Finance, 2007, 62 (1): 251 - 301.

[30] HOCHBERG Y V, LJUNGQVIST A, LU Y. Networking as a barrier to entry and the competitive supply of venture capital [J]. The Journal of Finance, 2010, 65 (3): 829 - 859.

[31] GULER I, GUILLéN M F. Home country networks and foreign expansion: Evidence from the venture capital industry [J]. Academy of Management Journal, 2010, 53 (2): 390 - 410.

[32] BATJARGAL B. Network triads: transitivity, referral and venture capital decisions in China and Russia [J]. Journal of International Business Studies, 2007, 38 (6): 998 - 1012.

[33] SEIDMAN S B. Internal cohesion of ls sets in graphs [J]. Social Networks, 1983, 5 (2): 97 - 107.

[34] BUBNA A, DAS S R, PRABHALA N. Venture Capital Communities [R]. Working Paper: University of Maryland, 2016.

[35] BUBNA A, DAS S R, PRABHALA N. What Types of Syndicate Partners Do Venture Capitalists Prefer? Evidence from VC Communities [R]. Working Paper: Indian School of Business, 2013.

[36] 周冬梅，鲁若愚．创业网络中的信任演化研究 [J]．研究与发展管理，2010，22 (5)：59 - 64.

[37] MOLM L D. The Structure of Reciprocity [J]. Social Psychology Quarterly, 2010, 73 (2): 119 - 131.

[38] POWELL W W. Neither Market Nor Hierarchy: Network Forms of Organization [J]. Research in Organizational Behavior, 1990 (12): 295 - 336.

[39] UZZI B. Social structure and competition in interfirm networks: The paradox of embeddedness [J]. Administrative Science Quarterly, 1997, 42 (2): 35 - 67.

[40] SIMON H A. The architecture of complexity [J]. Proceedings of the American Philosophical Society, 1962, 106 (6): 467 - 482.

[41] GIRVAN M, NEWMAN M E. Community structure in social and biological networks [J]. Proceedings of the National Academy of Sciences, 2002, 99 (12): 7821 - 7826.

[42] NEWMAN M E. Fast algorithm for detecting community structure in networks [J]. Physical Review E, 2004, 69 (6): 66 - 133.

[43] GUIMERA R, AMARAL L A N. Functional cartography of complex metabolic networks [J]. Nature, 2005, 433 (7028): 895 - 900.

[44] MEMON N, KRISTOFFERSEN K C, HICKS D L, et al. Notice of Violation of IEEE Publication Principles Detecting Critical Regions in Covert Networks: A Case Study of 9/11 Terrorists Network [J]. IEEE Transactions on Computers, 2004, 53 (7): 928 - 942.

[45] STANOEVSKA S, KATARINA. Toward a Community - Oriented Design of Internet Platforms [J]. International Journal of Electronic Commerce, 2002, 6 (3): 71 - 95.

[46] GRANOVETTER M S. The Strength of Weak Ties [J]. American Journal of Sociology, 1973, 78 (6): 1360 - 1380.

[47] ARMSTRONG M. Network interconnection in telecommunications [J]. The Economic Journal, 1998, 108 (448): 545 - 564.

[48] CORE M G, SCHUBERT L K. Speech repairs: A parsing perspective; proceedings of the Satellite meeting ICPHS 99, F, 1999 [C]. Citeseer.

[49] ALLEE V. Knowledge networks and communities of practice [J]. OD Practitioner, 2000, 32 (4): 4 - 13.

[50] AHUJA R K, ORLIN J B, SHARMA D. Multi - exchange neighborhood structures for the capacitated minimum spanning tree problem [J]. Mathematical

Programming, 2001, 91 (1): 71 -97.

[51] NEWMAN M E. Finding community structure in networks using the eigenvectors of matrices [J]. Physical review E, 2006, 74 (3): 036104.

[52] PORTER M A, ONNELA J - P, MUCHA P J. Communities in networks [J]. Notices of the AMS, 2009, 56 (9): 1082 - 1097.

[53] CLAUSET A, MOORE C, NEWMAN M E. Hierarchical structure and the prediction of missing links in networks [J]. Nature, 2008, 453 (7191): 98 - 101.

[54] FORTUNATO S. Community detection in graphs [J]. Physics Reports, 2010, 486 (3): 75 - 174.

[55] AHN Y Y, BAGROW J P, LEHMANN S. Link communities reveal multiscale complexity in networks [J]. Nature, 2010, 466 (7307): 761 -764.

[56] LANCICHINETTI A, RADICCHI F, RAMASCO J J, et al. Finding statistically significant communities in networks [J]. PloS one, 2011, 6 (4): e18961.

[57] SYTCH M, TATARYNOWICZ A. Exploring the locus of invention: The dynamics of network communities and firms' invention productivity [J]. Academy of Management Journal, 2014, 57 (1): 249 - 279.

[58] 金永红，章琦．中国风险投资网络的网络特性与社团结构研究 [J]. 系统工程学报，2016, 31 (2): 166 - 177.

[59] 罗吉，党兴华．我国风险投资机构网络社群：结构识别、动态演变与偏好特征研究 [J]. 管理评论，2016, 28 (5): 64 -78.

[60] PALLA G, DERéNYI I, FARKAS I, et al. Uncovering the overlapping community structure of complex networks in nature and society [J]. Nature, 2005, 435 (7043): 814 - 818.

[61] BAGROW J P. Evaluating local community methods in networks [J]. Journal of Statistical Mechanics: Theory and Experiment, 2008, 2008 (5): P05001.

[62] ZHANG S, WANG R - S, ZHANG X - S. Identification of overlapping community structure in complex networks using fuzzy c - means clustering [J]. Physica A: Statistical Mechanics and its Applications, 2007, 374 (1): 483 -490.

[63] LANCICHINETTI A, FORTUNATO S. Community detection algorithms: A comparative analysis [J]. Physical Review E, 2009, 80 (5): 56117.

[64] ZHENG J K. A social network analysis of corporate venture capital syndication [D]. Waterloo; University of Waterloo, 2004.

[65] 王艳，侯合银．创业投资辛迪加网络结构测度的实证研究 [J]. 财经研究，2010，36 (3)：46 -54.

[66] 周育红，宋光辉．中国创业投资网络的动态演进实证 [J]. 系统工程理论与实践，2014 (11)：2748 -2759.

[67] ALBA R D. A graph - theoretic definition of a sociometric clique [J]. Journal of Mathematical Sociology, 1973, 3 (1): 113 -126.

[68] CARRINGTON P J, SCOTT J, WASSERMAN S. Models and methods in social network analysis [M]. Cambridge: Cambridge university press, 2005.

[69] NEWMAN M E, GIRVAN M. Finding and evaluating community structure in networks [J]. Physical Review E, 2004, 69 (2): 026113.

[70] DONETTI L, MUNOZ M A. Detecting network communities: a new systematic and efficient algorithm [J]. Journal of Statistical Mechanics: Theory and Experiment, 2004 (10): P10012.

[71] CAPOCCI A, SERVEDIO V D, CALDARELLI G, et al. Detecting communities in large networks [J]. Physica A: Statistical Mechanics and its Applications, 2005, 352 (2): 669 -676.

[72] OZCAN P, EISENHARDT K M. Origin of alliance portfolios: Entrepreneurs, network strategies, and firm performance [J]. Academy of Management Journal, 2009, 52 (2): 246 -279.

[73] GULATI R, GARGIULO M. Where do interorganizational networks come from? [J]. American Journal of Sociology, 1999, 104 (5): 1439 -1493.

[74] POWELL W W, KOPUT K W, SMITH - DOERR L. Interorganizational collaboration and the locus of innovation: Networks of learning in biotechnology [J]. Administrative Science Quarterly, 1996, 41 (1): 116 -145.

[75] HALLEN B L. The Causes and Consequences of the Initial Network Positions of New Organizations: From Whom Do Enterpreneurs Receive Investments? [J]. Administrative Science Quarterly, 2008, 53 (4): 685 -718.

[76] DE CLERCQ D, SAPIENZA H J, ZAHEER A. Firm and group influences on venture capital firms' involvement in new ventures [J]. Journal of Man-

agement Studies, 2008, 45 (7): 1169 - 1194.

[77] LOCKETT A, WRIGHT M. The syndication of venture capital investments [J]. Omega, 2001, 29 (5): 375 - 390.

[78] FILATOTCHEV I, WRIGHT M, ARBERK M. Venture Capitalists, Syndication and Governance in Initial Public Offerings [J]. Small Business Economics, 2006, 26 (4): 337 - 350.

[79] HOPP C, RIEDER F. What drives venture capital syndication? [J]. Applied Economics, 2011, 43 (23): 3089 - 3102.

[80] DROVER W, WOOD M S, FASSIN Y. Take the money or run? Investors' ethical reputation and entrepreneurs' willingness to partner [J]. Journal of Business Venturing, 2014, 29 (6): 723 - 740.

[81] MANIGART S, LOCKETT A, MEULEMAN M, et al. Venture Capitalists' Decision to Syndicate [J]. Entrepreneurship Theory and Practice, 2006, 30 (2): 131 - 153.

[82] TYKVOVá T. Who chooses whom? Syndication, skills and reputation [J]. Review of Financial Economics, 2007, 16 (1): 5 - 28.

[83] REUER J J, LAHIRI N. Searching for Alliance Partners: Effects of Geographic Distance on the Formation of R&D Collaborations [J]. Organization Science, 2013, 25 (1): 283 - 298.

[84] OZMEL U, GULER I. Small fish, big fish: The performance effects of the relative standing in partners' affiliate portfolios [J]. Strategic Management Journal, 2014, 36 (13): 2039 - 2057.

[85] GUPTA A K, SAPIENZA H J. Determinants of venture capital firms' preferences regarding the industry diversity and geographic scope of their investments [J]. Journal of Business Venturing, 1992, 7 (5): 347 - 362.

[86] SAPIENZA H J, MANIGART S, VERMEIR W. Venture capitalist governance and value added in four countries [J]. Journal of Business Venturing, 1996, 11 (6): 439 - 469.

[87] SORENSON O, STUART T E. Syndication Networks and the Spatial Distribution of Venture Capital Investments [J]. American Journal of Sociology, 2001, 106 (6): 1546 - 1588.

[88] BRINGMANN K, VERHETSEL A. Venture Capital Investment and Firm Performance: A Spatially - informed Social Network Approach [C]. proceedings of the DRUID Academy conference Rebild, Aalborg, Denmark, F, 2015.

[89] CUMMING D J. The Determinants of Venture Capital Portfolio Size: Empirical Evidence [J]. Journal of Business, 2006, 79 (3): 1083 - 1126.

[90] CUMMING D, FLEMING G, SUCHARD J - A. Venture capitalist value - added activities, fundraising and drawdowns [J]. Journal of Banking & Finance, 2005, 29 (2): 295 - 331.

[91] DELI D N, SANTHANAKRISHNAN M. Syndication in Venture Capital Financing [J]. Financial Review, 2010, 45 (3): 557 - 578.

[92] LERNER J. Boom and Bust in the Venture Capital Industry and the Impact on Innovation [J]. Social Science Electronic Publishing, 2002, 87 (4): 25 - 39.

[93] LELEUX B T, SURLEMONT B. Public versus private venture capital: seeding or crowding out? A pan - European analysis [J]. Journal of Business Venturing, 2003, 18 (1): 81 - 104.

[94] JääSKELäINEN M, MAULA M. Do networks of financial intermediaries help reduce local bias? Evidence from cross - border venture capital exits [J]. Journal of Business Venturing, 2014, 29 (5): 704 - 721.

[95] GREVE H R, KIM J - Y. Running for the Exit: Community Cohesion and Bank Panics [J]. Organization Science, 2013, 25 (1): 204 - 221.

[96] SAMILA S, SORENSON O. Venture capital, entrepreneurship, and economic growth [J]. The Review of Economics and Statistics, 2011, 93 (1): 338 - 349.

[97] RAGOZZINO R, REUER J J. Geographic distance and corporate acquisitions: signals from IPO firms [J]. Strategic Management Journal, 2011, 32 (8): 876 - 894.

[98] OZER M, ZHANG W. The effects of geographic and network ties on exploitative and exploratory product innovation [J]. Strategic Management Journal, 2014, 36 (7): 1105 - 1114.

[99] AHUJA G, POLIDORO F, MITCHELL W. Structural homophily or so-

cial asymmetry? The formation of alliances by poorly embedded firms [J]. Strategic Management Journal, 2009, 30 (9): 941 -958.

[100] GULATI R. Does familiarity breed trust? The implications of repeated ties for contractual choice in alliances [J]. Academy of Management Journal, 1995, 38 (1): 85 -112.

[101] PODOLNY J M. Market uncertainty and the social character of economic exchange [J]. Administrative Science Quarterly, 1994, 39 (39): 458 -483.

[102] SHIPILOV A V, LI S X. The Missing Link: The Effect of Customers on the Formation of Relationships Among Producers in the Multiplex Triads [J]. Organization Science, 2010, 23 (2): 472 -491.

[103] SORENSON O, STUART T E. Bringing the context back in: Settings and the search for syndicate partners in venture capital investment networks [J]. Administrative Science Quarterly, 2008, 53 (2): 266.

[104] TRAPIDO D. Competitive Embeddedness and the Emergence of Interfirm Cooperation [J]. Social Forces, 2007, 86 (1): 165 -191.

[105] DYER J H, SINGH H. The Relational View: Cooperative Strategy and Sources of Interorganizational Competitive Advantage [J]. Academy of Management Review, 1998, 23 (4): 660 -679.

[106] LI S X, ROWLEY T J. INERTIA AND EVALUATION MECHANISMS IN INTERORGANIZATIONAL PARTNER SELECTION: SYNDICATE FORMATION AMONG U. S. INVESTMENT BANKS [J]. Academy of Management Journal, 2002, 45 (6): 1104 -1119.

[107] SHANE S, CABLE D. Network ties, reputation, and the financing of new ventures [J]. Management Science, 2002, 48 (3): 364 -381.

[108] STRäTLING R, WIJBENGA F H, DIETZ G. The impact of contracts on trust in entrepreneur - venture capitalist relationships [J]. International Small Business Journal, 2012, 30 (8): 811 -831.

[109] SORENSON O, STUART T E. Bringing the context back in: Settings and the search for syndicate partners in venture capital investment networks [J]. Administrative Science Quarterly, 2008, 53 (2): 266 -294.

[110] MA D, RHEE M, YANG D. POWER SOURCE MISMATCH AND THE

EFFECTIVENESS OF INTERORGANIZATIONAL RELATIONS: THE CASE OF VENTURE CAPITAL SYNDICATION [J]. Academy of Management Journal, 2013, 56 (3): 711 -734.

[111] HOPP C, LUKAS C. A signaling perspective on partner selection in venture capital syndicates [J]. Entrepreneurship Theory and Practice, 2014, 38 (3): 635 -670.

[112] KWON S W, ADLER P S. Social capital: Maturation of a field of research [J]. Academy of Management Review, 2014, 39 (4): 412 -422.

[113] BROWN J S, DUGUID P. Organisational learning and communities of practice: toward a unified view of working, learning, and innovating [J]. Organization Science, 1991, 2 (1): 40 -57.

[114] FLYNN F J. Identity Orientations and Forms of Social Exchange in Organizations [J]. Academy of Management Review, 2005, 30 (4): 737 -750.

[115] AMMANN R. Reciprocity, social curation and the emergence of blogging: A study in community formation [J]. Procedia - Social and Behavioral Sciences, 2011 (22): 26 -36.

[116] FERRARY M. Specialized organizations and ambidextrous clusters in the open innovation paradigm [J]. European Management Journal, 2011, 29 (3): 181 -192.

[117] 周育红，宋光辉．中国创业投资网络的动态演进实证 [J]. 系统工程理论与实践，2014，34 (11): 2748 -2759.

[118] AHUJA G, SODA G, ZAHEER A. The genesis and dynamics of organizational networks [J]. Organization Science, 2012, 23 (2): 434 -448.

[119] DIMOV D, MILANOV H. The interplay of need and opportunity in venture capital investment syndication [J]. Journal of Business Venturing, 2010, 25 (4): 331 -348.

[120] POLIDORO F, AHUJA G, MITCHELL W. When the social structure overshadows competitive incentives: The effects of network embeddedness on joint venture dissolution [J]. Academy of Management Journal, 2011, 54 (1): 203 -223.

[121] TIWANA A. Do bridging ties complement strong ties? An empirical examination of alliance ambidexterity [J]. Strategic Management Journal, 2008,

29 (3): 251 -272.

[122] 党兴华, 董建卫, 杨敏利. 风险投资机构网络位置影响成功退出的机理 [J]. 科研管理, 2012, 33 (10): 129 -137.

[123] OZMEL U, REUER J J, GULATI R. Signals across multiple networks: How venture capital and alliance networks affect interorganizational collaboration [J]. Academy of Management Journal, 2013, 56 (3): 852 -866.

[124] BECKMAN C M, SCHOONHOVEN C B, ROTTNER R M, et al. Relational pluralism in de novo organizations: boards of directors as bridges or barriers to diverse alliance portfolios? [J]. Academy of Management Journal, 2014, 57 (2): 460 -483.

[125] MILANOV H, SHEPHERD D A. The importance of the first relationship: The ongoing influence of initial network on future status [J]. Strategic Management Journal, 2013, 34 (6): 727 -750.

[126] 罗家德, 秦朗, 周伶. 中国风险投资产业的圈子现象 [J]. 管理学报, 2014, 11 (4): 469 -477.

[127] 徐梦周, 蔡宁. 联合投资网络、中心性与创投机构绩效 [J]. 重庆大学学报 (社会科学版), 2011, 17 (1): 54 -61.

[128] LEE J Y, BACHRACH D G, LEWIS K. Social network ties, transactive memory, and performance in groups [J]. Organization Science, 2014, 25 (3): 951 -967.

[129] WISE S. Can a team have too much cohesion? The dark side to network density [J]. European Management Journal, 2014, 32 (5): 703 -711.

[130] COLEMAN J S. Social capital in the creation of human capital [J]. American journal of sociology, 1988, 94 (2): 95 -120.

[131] THOMAZ F, SWAMINATHAN V. What Goes Around Comes Around: The Impact of Marketing Alliances on Firm Risk and the Moderating Role of Network Density [J]. Journal of Marketing, 2015, 79 (5): 63 -79.

[132] COLEMAN J S. Foundations of social theory [M]. Cambridge, MA: Harvard University Press, 1990.

[133] DE CLERCQ D, DIMOV D. Internal Knowledge Development and External Knowledge Access in Venture Capital Investment Performance [J]. Journal of

Management Studies, 2008, 45 (3): 585 -612.

[134] DELIOS A, BEAMISH P W. Survival and profitability: The roles of experience and intangible assets in foreign subsidiary performance [J]. Academy of Management journal, 2001, 44 (5): 1028 - 1038.

[135] SORENSEN M. Learning by investing: Evidence from venture capital; proceedings of the AFA 2008 New Orleans Meetings Paper, F, 2008 [C].

[136] BOTTAZZI L, DA RIN M, HELLMANN T. Who are the active investors?: Evidence from venture capital [J]. Journal of Financial Economics, 2008, 89 (3): 488 -512.

[137] CUMMING D J, MACINTOSH J G. Venture capital investment duration in Canada and the United States [J]. Journal of Multinational Financial Management, 2001, 11 (4): 445 -463.

[138] BRANDER J A, EGAN E J, HELLMANN T F. Government Sponsored Versus Private Venture Capital: Canadian Evidence [R]. Working Paper: NBER, 2008.

[139] 张学勇，廖理．风险投资背景与公司 IPO：市场表现与内在机理 [J]．经济研究，2011，46 (6)：118 - 132.

[140] GREVE H R, RAO H. History and the present: Institutional legacies in communities of organizations [J]. Research in Organizational Behavior, 2014, 34 (1): 27 -41.

[141] 梁平汉，孟涓涓．人际关系，间接互惠与信任：一个实验研究 [J]．世界经济，2013 (12)：90 - 110.

[142] OZMEL U, ROBINSON D T, STUART T E. Strategic alliances, venture capital, and exit decisions in early stage high - tech firms [J]. Journal of Financial Economics, 2013, 107 (3): 655 -670.

[143] CASCIARO T, PISKORSKI M J. Power Imbalance, Mutual Dependence, and Constraint Absorption: A Closer Look at Resource Dependence Theory [J]. Administrative Science Quarterly, 2005, 50 (2): 167 - 199.

[144] ROSENKOPF L, METIU A, GEORGE V P. From the Bottom Up? Technical Committee Activity and Alliance Formation [J]. Administrative Science Quarterly, 2001, 46 (46): 748 - 772.

[145] RYALL M D, SORENSON O. Brokers and competitive advantage [J]. Management Science, 2007, 53 (4): 566 - 583.

[146] HSU D H. What do entrepreneurs pay for venture capital affiliation? [J]. The Journal of Finance, 2005, 59 (4): 1805 - 1844.

[147] STUART T E, SORENSON O. Strategic networks and entrepreneurial ventures [J]. Strategic Entrepreneurship Journal, 2007, 1 (3 - 4): 211 - 227.

[148] GULATI R. Social structure and alliance formation patterns: A longitudinal analysis [J]. Administrative Science Quarterly, 1995, 40 (4): 619 - 652.

[149] PODOLNY J M, PAGE K L. Network forms of organization [J]. Annual review of sociology, 1998: 57 - 76.

[150] KOSSINETS G, WATTS D J. Empirical Analysis of an Evolving Social Network [J]. Science, 2006, 311 (5757): 88 - 90.

[151] HALLEN B L. The Origin Of The Network Positions Of New Organizations: From Whom Are Entrepreneurs Likely To Receive Their First Investments; proceedings of the Academy of Management Proceedings, F, 2007 [C]. Academy of Management.

[152] LARSON A. Network dyads in entrepreneurial settings: A study of the governance of exchange relationships [J]. Administrative science quarterly, 1992, 37 (1): 76 - 104.

[153] CHUNG S, SINGH H, LEE K. Complementarity, Status Similarity and Social Capital as Drivers of Alliance Formation [J]. Strategic Management Journal, 2000, 21 (1): 1 - 22.

[154] WRIGHT M, LOCKETT A. The Structure and Management of Alliances: Syndication in the Venture Capital Industry [J]. Journal of Management Studies, 2003, 40 (8): 2073 - 2102.

[155] BOTTAZZI L, DA RIN M, HELLMANN T F. The importance of trust for investment: Evidence from venture capital [R]. Working Paper: NBER, 2011.

[156] 李维安，周建．网络治理：内涵、结构、机制与价值创造 [J]. 天津社会科学，2005，5 (5): 59 - 63.

[157] FLYNN S M, DONNELLY M. Does labor contract completeness drive

unionization? Experimental evidence [J]. The Journal of Socio - Economics, 2012, 41 (4): 445 - 454.

[158] GOMPERS P A, LERNER J. The venture capital cycle [M]. Cambridge, Massachusetts: MIT press, 2004.

[159] PORTER M E. Location, competition, and economic development: *Local clusters in a global economy* [J]. *Economic Development* Quarterly, 2000, 14 (1): 15 - 34.

[160] CULNAN M J. The Pro - Social Behavior of Springsteen Fans: A Case Study of the BTX Online Community [R]. Working Paper: Monmouth University, 2005.

[161] ALGESHEIMER R, DHOLAKIA U M, HERRMANN A. The social influence of brand community: Evidence from European car clubs [J]. Journal of marketing, 2005, 69 (3): 19 - 34.

[162] HONEYCUTT C. Hazing as a process of boundary maintenance in an online community [J]. Journal of Computer - Mediated Communication, 2005, 10 (2): 100 - 136.

[163] NEWMAN M E. Finding community structure in networks using the eigenvectors of matrices [J]. Physical Review E, 2006, 74 (3): 36 - 104.

[164] HOPP C. The evolution of inter - organizational networks in venture capital financing [J]. Applied Financial Economics, 2010, 20 (22): 1725 - 1739.

[165] MACLEAN M, MITRA D, WIELEMAKER M. Less - versus well - developed venture capital networks: The venture capital acquisition process in New Brunswick [J]. Journal of Small Business & Entrepreneurship, 2010, 23 (4): 527 - 542.

[166] WEBER C, WEBER B. Exploring the antecedents of social liabilities in CVC triads—A dynamic social network perspective [J]. Journal of Business Venturing, 2011, 26 (2): 255 - 272.

[167] JORDI D, ALEX A. Community detection in complex networks using extremal optimization [J]. Physical Review E Statistical Nonlinear & Soft Matter Physics, 2005, 72 (2): 986 - 1023.

[168] KNOKE D, KUKLINSKI J H. Network analysis [J]. Beverly Hills

Calif, 1982, 102 (1): 1 - 12.

[169] BOVASSO G. A Network Analysis of Social Contagion Processes in an Organizational Intervention [J]. Human Relations, 1996, 49 (11): 1419 - 1435.

[170] WASSERMAN S, FAUST K. Social network analysis: Methods and applications [M]. Cambridge U. K.: Cambridge university press, 1994.

[171] SCOTT J. Social network analysis [M]. Thousand Oaks, CA: Sage, 2012.

[172] BARNES J A. Social networks [M]. Boston: Addison - Wesley Publishing Company, 1972.

[173] GOLDBERG M, MAGDON - ISMAIL M, NAMBIRAJAN S, et al. Tracking and predicting evolution of social communities; proceedings of the 2011 IEEE Third International Conference on Privacy, Security, Risk and Trust, F, 2011 [C]. IEEE.

[174] 刘传建. 复杂网络中的社团结构划分及分析应用 [D]; 山东大学, 2014.

[175] FU J, ZHANG W, WU J. Identification of leader and self - organizing communities in complex networks [J]. Scientific Reports, 2017, 7 (1): 704.

[176] GOMPERS P, KOVNER A, LERNER J. Specialization and success: Evidence from venture capital [J]. Journal of Economics & Management Strategy, 2009, 18 (3): 817 - 844.

[177] MEULEMAN M, WRIGHT M, MANIGART S, et al. Private Equity Syndication: Agency Costs, Reputation and Collaboration [J]. Journal of Business Finance & Accounting, 2009, 36 (5 - 6): 616 - 644.

[178] CUMMING D, DAI N. Local bias in venture capital investments [J]. Journal of Empirical Finance, 2010, 17 (3): 362 - 380.

[179] TIAN X. The role of venture capital syndication in value creation for entrepreneurial firms [J]. Review of Finance, 2012, 16 (1): 245 - 283.

[180] CHEN H, GOMPERS P, KOVNER A, et al. Buy local? The geography of venture capital [J]. Journal of Urban Economics, 2010, 67 (1): 90 - 102.

[181] SORENSEN M. How Smart Is Smart Money? A Two - Sided Matching Model of Venture Capital [J]. The Journal of Finance, 2007, 62 (6): 2725 - 2762.

[182] PARK H D, STEENSMA H K. When does corporate venture capital add value for new ventures? [J]. Strategic Management Journal, 2012, 33 (1): 1 -22.

[183] KAPLAN S N, SCHOAR A. Private Equity Performance: Returns, Persistence, and Capital Flows [J]. Antoinette Schoar, 2004, 60 (4): 1791 -1823.

[184] ZHELYAZKOV P I, GULATI R. After the break - up: The relational and reputational consequences of withdrawals from venture capital syndicates [J]. Academy of Management journal, 2016, 59 (1): 277 -301.

[185] 李志萍, 罗国锋, 龙丹, 等. 风险投资的地理亲近 [J]. 管理科学, 2014, 27 (3): 124 -132.

[186] CHUA R Y, MORRIS M W, INGRAM P. Guanxi vs networking: Distinctive configurations of affect - and cognition - based trust in the networks of Chinese vs American managers [J]. Journal of International Business Studies, 2009, 40 (3): 490 -508.

[187] BURT R S. Structural holes: The social structure of competition [M]. Cambridge, MA: Harvard University Press, 2009.

[188] GRANOVETTER M. The myth of social network analysis as a special method in the social sciences [J]. Connections, 1990, 13 (1 -2): 13 -16.

[189] 马骏, 唐方成, 郭菊娥, 等. 复杂网络理论在组织网络研究中的应用 [J]. 科学学研究, 2005, 23 (2): 173 -178.

[190] WATTS D J, STROGATZ S H. Collective dynamics of "small - world" networks [J]. nature, 1998, 393 (6684): 440 -442.

[191] NEWMAN M E, STROGATZ S H, WATTS D J. Random graphs with arbitrary degree distributions and their applications [J]. Physical review E, 2001, 64 (2): 026118.

[192] WANG L, WANG S. Cross - border venture capital performance: Evidence from China [J]. Pacific - Basin Finance Journal, 2011, 19 (1): 71 -97.

[193] ROBBIE M K W. Venture Capital and Private Equity: A Review and Synthesis [J]. Journal of Business Finance & Accounting, 1998, 25 (5 -6): 521 -570.

[194] HOPP C. When do venture capitalists collaborate? Evidence on the driving forces of venture capital syndication [J]. Small Business Economics, 2010, 35 (4): 417 -431.

[195] GULATI R, LAVIE D, MADHAVAN R R. How do networks matter? The performance effects of interorganizational networks [J]. Research in Organizational Behavior, 2011, 31: 207 -224.

[196] VERWAAL E, BRUINING H, WRIGHT M, et al. Resources access needs and capabilities as mediators of the relationship between VC firm size and syndication [J]. Small Business Economics, 2010, 34 (3): 277 -291.

[197] FERRARY M. Syndication of venture capital investment: the art of resource pooling [J]. Entrepreneurship Theory and Practice, 2010, 34 (5): 885 -907.

[198] CHRISTENSEN J L. The Development of Geographical Specialization of Venture Capital [J]. European Planning Studies, 2007, 15 (15): 817 -833.

[199] BENDER M. Spatial Proximity in Venture Capital Financing [M]. Frankfurt: Gabler, 2011.

[200] LUTZ E, BENDER M, ACHLEITNER A - K, et al. Importance of spatial proximity between venture capital investors and investees in Germany [J]. Journal of Business Research, 2013, 66 (11): 2346 -2354.

[201] GOMPERS P, KOVNER A, LERNER. Geography, Venture Capital, and Public Policy [J/OL] 2010, https: //www. hks. harvard. edu/sites/default/files/centers/taubman/files/PB_final_lerner_vc. pdf.

[202] MASON C M, HARRISON R T. The geography of venture capital investments in the UK [J]. Transactions of the Institute of British Geographers, 2002, 27 (4): 427 -451.

[203] 成思危.2011 年中国风险投资年鉴 [R]. 北京: 民主与建设出版社, 2011.

[204] 王元, 张晓原, 张志安. 中国创业风险投资发展报告 [R]. 北京: 经济管理出版社, 2015.

[205] PFEFFER J, SALANCIK G R. The external control of organizations: A resource dependence perspective [M]. Palo Alto: Stanford University Press, 1978.

[206] COASE R H. The Nature of the Firm [J]. Economica, 1937, 4 (16): 386 -405.

[207] WILLIAMSON O E. The Economic Institutions of Capitalism: Firms, Markets, Relational Contracting [M]. New York: The Free Press, 1985.

[208] WILLIAMSON O E. Transaction Cost Economics and Organization Theory [J]. *Industrial & Corporate Change*, 1993, 2 (1): 17 -67.

[209] RINDFLEISCH A, HEIDE J B. Transaction Cost Analysis: Past, Present, and Future Applications [J]. Journal of Marketing, 1997, 61 (4): 30 -54.

[210] LOURY G. A Dynamic Theory of Racial Income Differences [R]. Evanston: Northwestern University, Center for Mathematical Studies in Economics and Management Science, 1976.

[211] BOURDIEU P. The forms of capital [M]. Handbook of Theory & Research of for the Sociology of Education. New York; Greenwood Press. 1986: 280 -291.

[212] PUTNAM R D. Bowling alone: America's declining social capital [M]. Culture and politics. New York; Palgrave Macmillan. 2000: 223 -234.

[213] LIN N, COOK K S, BURT R S. Social Capital: Theory and Research [M]. New Jersey: Transaction Publishers, 2001.

[214] HOGG M A, MULLIN B A. Joining groups to reduce uncertainty: Subjective uncertainty reduction and group identification [M]. Social identity and social cognition. Malden; Blackwell Publishing. 1999: 249 -279.

[215] LEONARDELLI G J, PICKETT C L, BREWER M B. Optimal Distinctiveness Theory: A Framework for Social Identity, Social Cognition, and Intergroup Relations [J]. Advances in Experimental Social Psychology, 2010, 43 (10): 63 -113.

[216] MAEL F, ASHFORTH B E. Alumni and their alma mater: A partial test of the reformulated model of organizational identification [J]. Journal of organizational Behavior, 1992, 13 (2): 103 -123.

[217] KREINER G, HOLLENSBE E, SHEEP M, et al. Elasticity and The Dialectic Tensions of Organizational Identity: How Can We Hold Together While

We're Pulling Apart? [J]. Academy of Management Journal, 2015, 63 (1): 981 - 1011.

[218] COYLESHAPIRO J A M, SHORE L M. The employee - organization relationship: Where do we go from here? [J]. Human Resource Management Review, 2007, 17 (2): 166 - 179.

[219] GRANOVETTER M. The strength of weak ties: A network theory revisited [J]. Sociological theory, 1983, 1 (1): 201 - 233.

[220] 张维迎，柯荣住．信任及其解释：来自中国的跨省调查分析 [J]．经济研究，2002，(10)：59 - 70，96.

[221] BACHMANN R, SCHINDELE I. Theft and Syndication in Venture Capital Finance [J/OL] 2006, http: //dx. doi. org/10. 2139/ssrn. 896025.

[222] HOCHBERG Y V, LINDSEY L A, WESTERFIELD M M. Resource Accumulation Through Economic Ties: Evidence from Venture Capital [J]. Journal of Financial Economics, 2015, 118 (2): 245 - 267.

[223] GOMPERS P A, MUKHARLYAMOV V, XUAN Y. The cost of friendship [J]. Journal of Financial Economics, 2016, 119 (3): 626 - 644.

[224] FLORIDA R L, KENNEY M. Venture Capital - Financed Innovation and Technological Change in the USA [J]. Research Policy, 1988, 17 (3): 119 - 137.

[225] WATKINS A. The Venture Capital Perspective on Collaboration with Large Corporations/MNEs in London and the South East: Pursuing Extra - Regional Knowledge and the Shaping of Regional Venture Capital Networks? [J]. Review of Policy Research, 2010, 27 (27): 491 - 507.

[226] 刘军．社会网络分析法 [Z]．重庆：重庆大学出版社．2007.

[227] GULATI R. Network location and learning: The influence of network resources and firm capabilities on alliance formation [J]. Strategic Management Journal, 1999, 20 (5): 397 - 420.

[228] MCPHERSON M, SMITHLOVIN L, COOK J M. Birds of a feather: Homophily in social networks [J]. Annual Review of Sociology, 2001, 27 (1): 415 - 444.

[229] CESTONE G, WHITE L, LERNER J. The design of syndicates in ven-

ture capital [R]. Working Paper: Harvard Business School, 2007.

[230] CASAMATTA C, HARITCHABALET C. Experience, screening and syndication in venture capital investments [J]. Journal of Financial Intermediation, 2007, 16 (3): 368 -398.

[231] GULATI R. Managing network resources: alliances, affiliations and other relational assets [M]. Oxford: Oxford University Press, 2007.

[232] TALAI V A. Realizing Community: Concepts, Social Relationships and Sentiments [M]. London: Routledge, 2002.

[233] 林竞君. 网络、嵌入性与集群生命周期研究——一个新经济社会学的视角 [D]. 复旦大学, 2005.

[234] LAKONISHOK J, SHLEIFER A, VISHNY R W. Contrarian Investment, Extrapolation, and Risk [J]. The Journal of Finance, 1994, 49 (5): 1541 -1578.

[235] MEGGINSON W L, WEISS K A. Venture capitalist certification in initial public offerings [J]. The Journal of Finance, 1991, 46 (3): 879 -903.

[236] PODOLNY J M. Networks as the Pipes and Prisms of the Market [J]. American journal of sociology, 2001, 107 (1): 33 -60.

[237] 罗家德. 社会网分析讲义 [M]. 北京: 社会科学文献出版社, 2005.

[238] FELD S L. Social Structural Determinants of Similarity among Associates [J]. American Sociological Review, 1982, 47 (6): 797 -801.

[239] CURRARINI S, JACKSON M O, PIN P. An Economic Model of Friendship: Homophily, Minorities, and Segregation [J]. Econometrica, 2009, 77 (4): 1003 -1045.

[240] FLORIDA R L, KENNEY M. Venture Capital, High Technology and Regional Development [J]. Social Science Electronic Publishing, 1988, 22 (1): 33 -48.

[241] ZHANG J. The spatial dynamics of globalizing venture capital in China [J]. Environment & Planning A, 2011, 43 (7): 1562 -1580.

[242] FRITSCH M, SCHILDER D. Does Venture Capital Investment Really Require Spatial Proximity? An Empirical Investigation [J]. Environment & Planning

A, 2008, 40 (9): 2114 -2131.

[243] CHEN K, CHU T, BILLOTA R. A spatial investigation of venture capital investment in the US biotechnology industry, 1995—2008 [J]. Geojournal, 2011, 76 (3): 267 -282.

[244] FRANKE N, GRUBER M, HARHOFF D, et al. What you are is what you like—similarity biases in venture capitalists' evaluations of start - up teams [J]. Journal of Business Venturing, 2006, 21 (6): 802 -826.

[245] ZACHARAKIS A L, SHEPHERD D A. The nature of information and overconfidence on venture capitalists' decision making [J]. Journal of Business Venturing, 2001, 16 (4): 311 -332.

[246] KRäUSSL R, KRAUSE S. Has Europe Been Catching Up? An Industry Level Analysis of Venture Capital Success over 1985 -2009 [J]. European Financial Management, 2014, 20 (1): 179 -205.

[247] AHLSTROM D, BRUTON G D. Venture Capital in Emerging Economies: Networks and Institutional Change [J]. Entrepreneurship Theory & Practice, 2006, 30 (2): 299 -320 (22).

[248] 刘伟，王汝芳．中国资本市场效率实证分析——直接融资与间接融资效率比较 [J]．金融研究，2006 (1): 64 -73.

[249] NAHATA R, HAZARIKA S, TANDON K. Success in global venture capital investing: do institutional and cultural differences matter? [J]. Journal of Financial and Quantitative Analysis, 2014, 49 (04): 1039 -1070.

[250] CASTILLA E J. Networks of venture capital firms in Silicon Valley [J]. International Journal of Technology Management, 2003, 25 (1): 113 -135.

[251] HOCHBERG Y V, LJUNGQVIST A, VISSING - JøRGENSEN A. Informational Holdup and Performance Persistence in Venture Capital [J]. The Review of Financial Studies, 2014, 27 (1): 102 -152.

[252] ZHANG L, GUPTA A, HALLEN B. The Conditional Importance of Prior Ties: A Group - Level Analysis of Venture Capital Syndication [J]. Academy of Management Journal, 2017, 60 (4): 1360 -1386.

[253] AHLSTROM D, BRUTON G D. Venture capital in emerging economies: Networks and institutional change [J]. Entrepreneurship Theory and Practice,

2006, 30 (2): 299 -320.

[254] MAATS F, METRICK A, YASUDA A. On the Consistency and Reliability of Venture Capital Databases [R]. Working Paper: University of California, 2011.